Lisa Hauser

Gesund und günstig

Lisa Hauser

Tyrolia-Verlag · Innsbruck-Wien

Inhaltsverzeichnis

„Grias eich!"

Mein Name ist Lisa und ich bin Mama einer Tochter, Gründerin von „Koch mit Herz" (www.kochmitherz.at), Hausfrau und Ehefrau. Ich lebe mit meiner Familie in einem Drei-Generationen-Haus im wunderschönen Tirol und liebe es, für meine Liebsten gesund und gschmackig zu kochen. Kochen ist für mich Beruf(ung), Ausgleich und Leidenschaft zugleich. In diesem, meinem bereits dritten Kochbuch möchte ich dir meine gesunde und trotzdem günstige Alltagsküche näherbringen. Ich zeige dir meine Tipps und Tricks, um günstig, aber trotzdem gesund einzukaufen, und auch, wie ich Lebensmittelmüll mithilfe der richtigen Lagerung und Verarbeitung vorbeuge. Denn auch das spart Geld. Natürlich findest du in diesem Kochbuch aber vor allem viele gesunde, leckere und schnelle Rezepte, die bestimmt gelingen und hoffentlich der ganzen Familie schmecken.

Viel Freude beim Nachkochen und Genießen wünscht dir
Lisa

Gesund & günstig essen

EINE EINFÜHRUNG

1. Die Basis: Clean Eating

Die Rezepte in diesem Kochbuch bauen, wie auch in meinen ersten zwei Kochbüchern, auf der Clean-Eating-Philosophie auf. Clean Eating bedeutet wörtlich übersetzt „sauber essen" und legt den Fokus daher auf natürliche, möglichst unverarbeitete, frische Lebensmittel. Es handelt sich dabei um keine Diät, sondern um einen Lebensstil, bei dem man sich bewusst mit dem beschäftigt, was man kauft und in weiterer Folge zu sich nimmt.

Man kauft bevorzugt regionale und saisonale Produkte, kocht „nose to tail" (verwertet also alles von Tieren) und verzichtet auf Produkte, die dem Körper keinen Mehrwert bringen. Dazu zählen zum Beispiel Zucker, künstliche Süß- und Aromastoffe, Geschmacksverstärker oder Transfette. Clean Eating soll dich wieder zurück zum ursprünglichen Kochen und Essen bringen, mit Hilfe von Traditionellem, jedoch auch durch Verwendung moderner heimischer Superfoods.

Ich verwende bei allen Rezepten in diesem Kochbuch ausschließlich regionale Zutaten. Dazu zähle ich auch Zitronen, Olivenöl und Gewürze aus Italien, da der Transportweg hier kurz ist. Ich verzichte jedoch bewusst auf alle exotischen Zutaten wie Kokos oder Bananen, die von weither importiert werden müssen. Denn je regionaler und saisonaler man einkauft und kocht, desto günstiger und gesünder ist es.

2. Richtig und clean einkaufen, um Geld zu sparen

Schaue beim Einkauf immer auf das Etikett. Dort findest du nicht nur Informationen über die Herkunft des Produktes, sondern auch alle Zutaten. Diese sagen dir, ob es sich um ein cleanes oder ein bereits verarbeitetes Produkt handelt. Je kürzer die Zutatenliste, desto besser. Als Faustregel gilt: Zutaten mit Namen, die du kaum aussprechen kannst oder die sich künstlich anhören, sind höchstwahrscheinlich nicht clean.

Achte beim Einkauf auch darauf, ob du das Produkt nicht auch selbst herstellen kannst. Ein gutes Beispiel hierfür sind Saucen jeder Art. Du kannst ein zuckerreiches bzw. ein mit künstlichen Süßstoffen gesüßtes Ketchup kaufen oder dieses ganz einfach selbst herstellen. Denn dann weißt du ganz genau, welche Zutaten enthalten sind, und kannst beim Süßen einsparen.

Je natürlicher du einkaufst und je mehr du selbst zubereitest, desto gesünder und natürlich auch günstiger ist es.

3. Richtige Lagerung für lange Haltbarkeit

Hat man den gesunden und günstigen Einkauf erstmal abgeschlossen, ist die Arbeit damit noch nicht vorbei. Die richtige Lagerung von Lebensmitteln begünstigt eine lange Haltbarkeit, trägt dazu bei, dass Vitamine und Mineralstoffe erhalten bleiben, und hilft, Lebensmittelmüll zu vermeiden.

TIPP

Hier noch 13 Tipps für einen gesunden
und günstigen Einkauf

1. Der Vorrats-Check

Schaue vor dem Einkauf, was du noch im Kühlschrank, Tiefkühler und Vorratsschrank hast. Verwerte vorher jene Lebensmittel, die verbraucht werden müssen, und plane den Einkauf dementsprechend.

2. Kaufe regional

Kommt ein Produkt aus Südamerika, kostet es aufgrund der langen Strecke, die es zurücklegen musste, üblicherweise deutlich mehr als ein hochwertiges Produkt aus der Region. Am besten und günstigsten ist es, wenn du Lebensmittel direkt beim Bauern bzw. Hersteller kaufst. So bekommst du die frischeste Qualität zum besten Preis.

3. Kaufe saisonal

Erdbeeren haben in Mitteleuropa im Frühsommer bis Sommer Saison und sind dann regional und günstig zu erwerben. Kaufst du aber Erdbeeren im Winter, sind diese nicht nur teuer, sondern zudem nicht mehr regional. Regional und saisonal einkaufen gehört also zwangsläufig zusammen.

4. Schreibe einen Speiseplan

Plane die Speisen zum Beispiel eine ganze Woche im Voraus und schreibe eine entsprechende Einkaufsliste. So vermeidest du, Unnötiges oder zu viel von etwas zu kaufen, und sparst definitiv Geld.

5. Kaufe reduzierte Ware

Alle Supermärkte bieten mittlerweile vergünstigte Ware an, deren Mindesthaltbarkeitsdatum bald abläuft. Gehe am besten gleich in der Früh einkaufen, um solche Schnäppchen zu ergattern.

6. Clean Shopping

Clean Eating bedeutet, aus reinen, natürlichen Zutaten etwas Gesundes zu kochen. Unter Clean Shopping verstehe ich also, keine Fertigprodukte zu kaufen. Selbstgemacht ist immer günstiger und auch immer gesünder. Das fängt bei Saucen und Aufstrichen an und endet bei Pizzen und Desserts.

7. Aktionen

Supermärkte kämpfen um Kunden und bieten daher teilweise dauerhaft gewisse Aktionen an. Seien es 25 Prozent auf eine ganze Warengruppe oder 25-Prozent-Sticker für einzelne Artikel, die man mit der Post bekommt. Nutze diese Aktionen, sei aber bedacht und kaufe nur das, was du wirklich brauchst.

8. Mehr für weniger

Ich koche zwar nur für drei Personen, kaufe aber trotzdem, vor allem bei Vorräten, die lange halten, Großpackungen. Diese sind nämlich oft deutlich günstiger als kleine Packungen.

9. Vergleiche den Grundpreis

Will man Geld beim Einkauf sparen, zahlt es sich definitiv aus, etwas Zeit zu investieren. Vergleiche bei teureren Lebensmitteln am besten den Preis pro Kilogramm, um zu sehen, wo du günstiger einkaufen kannst. Vergiss dabei aber nie, dass gute Qualität gerne etwas mehr kosten darf und definitiv bevorzugt werden sollte.

10. Nutze deine Umgebung

Komplett kostenlos einkaufen kannst du in unseren Wäldern und auf unseren Wiesen. Neben Wildkräutern findest du dort wertvolle Beeren und Pilze, die du dann verkochen kannst.

11. Profitiere von Foodsharing-Produkten

Vor allem in Städten gibt es zahlreiche Foodsharing-Stationen, wo jeder Lebensmittel hinbringen kann, die er nicht mehr braucht. Jeder darf sich auch bedienen. So vermeidet man Lebensmittelabfall und spart zugleich Geld.

12. Eigenmarken statt Markenprodukte

Eigenmarken hatten lange Zeit einen schlechten Ruf. Mittlerweile weiß man als Käufer aber, dass meist dieselbe Qualität drinsteckt wie bei einem Markenprodukt. Greife also bewusst zu Eigenmarken, achte aber trotzdem auf die Herkunft und Qualität.

13. Baue selbst an

Es bedarf zwar etwas Aufwand und Zuwendung, und natürlich hat auch nicht jeder die räumlichen Gegebenheiten: Ein eigener Garten mit Gemüse, Kräutern, Obst und Beeren ist aber definitiv die beste Möglichkeit, Geld zu sparen. Nichts ist so gut wie eine sonnenerwärmte Tomate von der eigenen Bio-Staude auf dem Balkon oder saftige Beeren aus dem Garten. So weiß man zudem, was man hat, und ist zumindest von Frühsommer bis Herbst mit regionalen, hochwertigen Lebensmitteln versorgt.

Wer keinen eigenen Garten oder Balkon hat, kann mittlerweile auch kleine Feldabschnitte mieten oder sich einem Urban-Gardening-Verein anschließen.

① Lagerung von Lebensmitteln im Kühlschrank:

Einteilung der Lebensmittel-Lagerung nach Temperatur im Kühlschrank:

- ✛ Fisch und Fleisch im unteren Bereich
- ✛ Milchprodukte im mittleren Bereich
- ✛ Käse und Speisereste auf die oberste Ablage
- ✛ Butter, Eier und Getränke in der Kühlschranktür
- ✛ Obst und Gemüse im Gemüsefach: Generell gilt die Regel, dass heimisches Obst und Gemüse Kühlschranktemperaturen meistens verträgt, Exoten und südländische Früchte aber besser nicht in den Kühlschrank sollten.

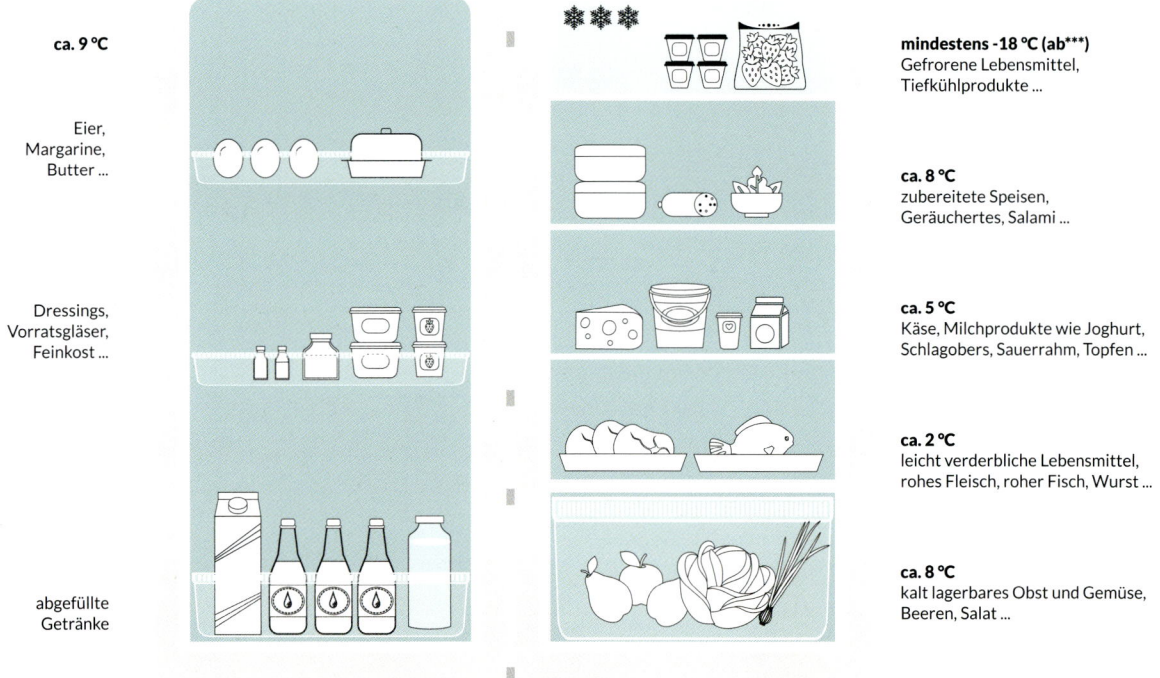

ca. 9 °C

Eier,
Margarine,
Butter ...

Dressings,
Vorratsgläser,
Feinkost ...

abgefüllte
Getränke

mindestens -18 °C (ab*)**
Gefrorene Lebensmittel,
Tiefkühlprodukte ...

ca. 8 °C
zubereitete Speisen,
Geräuchertes, Salami ...

ca. 5 °C
Käse, Milchprodukte wie Joghurt,
Schlagobers, Sauerrahm, Topfen ...

ca. 2 °C
leicht verderbliche Lebensmittel,
rohes Fleisch, roher Fisch, Wurst ...

ca. 8 °C
kalt lagerbares Obst und Gemüse,
Beeren, Salat ...

In den Kühlschrank gehören: ✛ Artischocken ✛ Blattsalate (Kopfsalat, Feldsalat, Eisbergsalat) ✛ Blumenkohl ✛ Bohnen ✛ Brokkoli ✛ Erbsen ✛ Frühlingszwiebeln & Lauch ✛ Karotten ✛ Kohl (Rotkohl, Rosenkohl, Weißkohl, Chinakohl) ✛ Kohlrabi ✛ Mangold ✛ Radieschen ✛ Rote Bete ✛ Sellerie ✛ Spargel ✛ Spinat ✛ Pilze ✛ Zucchini ✛ Äpfel (vertragen Zimmertemperatur und Kühlschranktemperatur) ✛ Beeren ✛ Kiwis ✛ Rhabarber ✛ Steinobst (Aprikosen, Kirschen, Pfirsiche, Pflaumen, Zwetschgen) ✛ Weintrauben

Nicht in den Kühlschrank gehören: ✛ Melanzani (Auberginen) ✛ Avocados ✛ Paprika ✛ Kartoffeln ✛ Kürbis ✛ Tomaten ✛ Zwiebeln ✛ Knoblauch ✛ Ananas ✛ Bananen ✛ Mangos ✛ Orangen ✛ Zitronen und weitere Zitrusfrüchte

② Lagerung von Lebensmitteln außerhalb des Kühlschranks

Oben findest du eine Übersicht, welche Obst- und Gemüsesorten du nicht im Kühlschrank lagern solltest, um eine optimale Haltbarkeit zu gewährleisten.

Prinzipiell sollten Tomaten, Kartoffeln, Auberginen, Zucchini, Paprika und Zwiebeln kühl (5 bis 15 °C), trocken und dunkel gelagert werden. Am besten eignet sich hierfür meist der Vorratsraum oder Keller. Kern- und Steinobst, exotische Obstsorten und Zitrusfrüchte sowie Avocados lagert man am besten bei Raumtemperatur, wo sie gegebenenfalls innerhalb weniger Tage auch nachreifen.

Tipps zur richtigen Lagerung von Obst und Gemüse:

✚ Gemüsesorten wie Karotten oder Radieschen bleiben länger frisch, wenn das Blattgrün entfernt wird.

✚ Obst und Gemüse erst kurz vor dem Verarbeiten/Verzehr waschen.

✚ Zwiebeln immer getrennt lagern, da viele Obst- und Gemüsesorten schnell ihren Geruch annehmen.

✚ Gemüse und Obst auch nicht zu warm lagern, denn nach 2 Tagen können bereits bis zu 70 Prozent der Vitamine verlorengegangen sein!

✚ Beeren kurz in kaltem Wasser mit einem Schuss Apfelessig baden, dann abseihen und trocknen, bevor du sie im Kühlschrank lagerst.

✚ Kräuter einwässern und im Kühlschrank lagern.

✚ Wasche und trockne den Salat, bevor du ihn mit einer Küchenrolle in einem Zip-Bag oder einer Dose lagerst. Die Küchenrolle nimmt die Feuchtigkeit auf, wodurch der Salat länger haltbar bleibt.

✚ Verwende Jutebeutel oder Tontöpfe für die Lagerung von Zwiebeln, Knoblauch und Kartoffeln.

✚ Kartoffel, Knoblauch und Zwiebel sollten stets gut durchlüftet in dunklen Räumen aufbewahrt werden, um einen Austrieb und eine Schimmelbildung zu vermeiden!

✚ Kontrolliere regelmäßig das gelagerte Obst und Gemüse und entferne gegebenenfalls sofort beschädigte und angefaulte Exemplare.

✚ Angeschnittenes Obst und Gemüse am besten in Bienenwachstücher wickeln und in den Kühlschrank legen.

Einige Früchte verströmen ein natürliches „Reifungsgas", das sogenannte Ethylen. Werden diese Früchte zusammen mit besonders ethylenempfindlichem Obst und Gemüse gelagert, wie Kiwis, Brokkoli, Tomaten und Gurken, wird der Reifungsprozess beschleunigt. Daher sollte man folgende Obst- und Gemüsesorten getrennt von anderen aufbewahren:

Äpfel	Gurken	Pfirsiche
Avocados	Kartoffeln	Pflaumen
Bananen	Kiwis	Tomaten
Birnen	Lauch/Porree	
Brokkoli	Nektarinen	

Natürlich kann man diesen Effekt auch clever nutzen: Lege eine grüne Banane neben einen reifen Apfel, um den Reifungsprozess zu beschleunigen.

Tipps zur Lagerung von Vorräten:

✝ Trockenzutaten wie Mehl, Salz, Reis, Nudeln, Müsli, Flocken, Nüsse & Co. in verschlossenen, wiederverwendbaren Behältern/Gläsern/Dosen kühl und trocken lagern.

✝ Konserven wie eingekochtes Obst, Gemüse, Marmeladen, Pesto, Säfte möglichst kühl lagern. Ist eine Dose geöffnet, sollte der Inhalt in verschließbare Behälter gefüllt und im Kühlschrank gelagert werden.

✝ Brot unverpackt in einer Brotdose lagern.

✝ Tees und Gewürze luftdicht verschließen und dunkel und kühl lagern, um das Aroma zu erhalten.

✝ Kaltgepresste Öle (Olivenöl, Leinöl etc.) dunkel und kühl lagern.

✝ Offene Packungen von diversen Lebensmitteln sollten immer luftdicht verschlossen oder in ein verschließbares Gefäß umgefüllt werden.

✝ Lebensmittel, die eingefroren werden, immer mit Datum und Inhalt beschriften.

❸ Lagerung im Tiefkühler

Der Gefrierschrank bietet die praktische Möglichkeit, Lebensmittel für Wochen oder gar Monate zu lagern, frisch zu halten und Inhaltsstoffe, Vitamine und Geschmack zu bewahren, ohne dass zuvor Zusatz- und Konservierungsstoffe hinzugefügt werden mussten.

Allgemeine Tipps zum richtigen Einfrieren von Lebensmitteln

✛ Verwende für das Einfrieren von Lebensmitteln wiederverwendbare Behälter wie Einmachgläser mit Schraubdeckel, Dosen aus Glas, Plastik oder Edelstahl. Achte dabei darauf, dass du nicht zu viel einfüllst und etwa $1/5$ des Gefäßes frei lässt. Ansonsten kann es passieren, dass der Deckel nach oben gedrückt wird und aufgeht.

✛ Verpacke stets luftdicht (am besten vakuumieren), um Gefrierbrand zu vermeiden!

✛ Lass deine Lebensmittel stets vollständig auskühlen, bevor du sie einfrierst! Wenn du etwas einfrierst, das noch heiß/warm ist, muss dein Tiefkühler mehr arbeiten und verbraucht mehr Strom. Zudem kann es passieren, dass das Gefäß, in dem du einfrierst, beschädigt wird (Druckproblem).

✛ Wasche und blanchiere rohes Gemüse, bevor du es einfrierst.

✛ Koche eine größere Menge deines Lieblingsgerichts und friere es portionsweise ein. So spart man auch reichlich Zeit und hat immer eine gesunde Mahlzeit zu Hause.

Einfrieren von Obst

✛ Je kleiner die Beeren (Ribisel, Heidelbeeren), desto besser lassen sie sich einfrieren und wieder auftauen. Größere Beeren wie Erdbeeren, Brombeeren und Himbeeren werden eher weich, wenn man sie wieder auftaut.

✛ Wasche, halbiere und entkerne Steinobst (wie Marillen, Zwetschgen, Pfirsiche und Kirschen), bevor du es einfrierst.

Einfrieren von Kräutern

✛ Da die meisten Kräuter durch das Einfrieren deutlich an Aroma verlieren, hacke diese fein, verteile sie in Eiswürfelformen und gieße etwas Öl darauf, bevor du sie einfrierst. Diese Kräuter-Bomben kannst du dann zum Verfeinern von jeglichen Gerichten verwenden. Gib einfach 1 bis 2 Würfel kurz vor dem Ende der Kochzeit in den Topf/die Pfanne.

* Kräuterbutter lässt sich ganz leicht selbst machen (siehe Seite 169) und in Scheiben geschnitten portionsweise einfrieren.

Einfrieren von tierischen Produkten

* Eiweiß und Eigelb lassen sich getrennt voneinander (beispielsweise in verschlossenen Gläsern) super einfrieren.
* Milchprodukte mit hohem Fettgehalt flocken beim Auftauen meist aus, sind aber deshalb nicht ungenießbar und daher ideal zum Verkochen.
* Pflanzenmilch lässt sich problemlos direkt in der Packung einfrieren.

Einfrieren von Fleisch

Jedes Fleisch – sowohl roh als auch bereits in einem Gericht verarbeitet – lässt sich problemlos einfrieren und dann ohne Veränderung auftauen. Lasse Fleisch am besten immer im Kühlschrank über Nacht auftauen. Das ist generell die schonendste Methode und verhindert, dass sich Keime bilden. Beim Einfrieren von Fleisch solltest du besonders vorsichtig sein, dass dieses auch luftdicht verschlossen ist. Ansonsten entsteht schnell Gefrierbrand und das Fleisch ist nicht mehr so saftig und gschmackig, wie es sein könnte.

Einfrieren von Fisch

Auch alle Fische und Meeresfrüchte lassen sich hervorragend einfrieren und wieder auftauen. Hier gilt dasselbe wie für Fleisch.

Einfrieren von Brot, Gebäck

Jegliche Brot- und Gebäcksorten lassen sich (in Scheiben geschnitten) wunderbar einfrieren. Um Platz zu sparen, verwende wiederverwendbare Zip-Beutel.

Einfrieren von Torten, Kuchen und Süßspeisen

Torten und Kuchenstücke sowie süßes Gebäck eignen sich ebenso zum Einfrieren. Lass sie unverpackt bei Zimmertemperatur auftauen.

Einfrieren von Suppen

Vorgekochte Suppen, am besten ohne Milchprodukte, lassen sich prima portionsweise in Gläsern mit Schraubdeckel einfrieren. Einfach über Nacht bei Zimmertemperatur auftauen lassen, erneut aufkochen, Sahne oder Ähnliches hinzufügen und dann genießen. So hat man das ganze Jahr über frische Gemüsesuppen aller Art. Achte nur unbedingt darauf, das Glas nur ¾ voll zu machen und die Suppe vor dem Einfrieren komplett auskühlen zu lassen.

Haltbarkeit von Lebensmitteln im Tiefkühler

Lebensmittel	Haltbarkeit
Brot	ca. 6 Monate
Butter	ca. 9 Monate
Eier	ca. 12 Monate
Fisch	2–8 Monate
Fleisch	2–12 Monate
Gemüse	5–24 Monate
Käse	ca. 5 Monate
Kräuter	ca. 12 Monate
Milchprodukte	ca. 4 Monate
Obst	5–24 Monate
Pflanzenöle	ca. 6 Monate

Folgende Lebensmittel sollten nicht in den Tiefkühler:

- Wasserreiches Gemüse und Obst (Salat, Gurken, Rettich, Tomaten, Melonen etc.)
- Pilze
- rohe Kartoffeln
- Eier in der Schale
- Weichkäse

4. Mysterium Mindesthaltbarkeitsdatum

Auf den meisten Lebensmittelverpackungen heißt es „mindestens haltbar bis: XX.XX. XXXX". Das Mindesthaltbarkeitsdatum (MHD) zeigt also jenen Tag an, bis zu dem das jeweilige Produkt MINDESTENS genießbar ist. Leider denken immer noch viele, dass man das Lebensmittel danach entsorgen muss, weil es verdorben ist. Diese Annahme ist aber nicht richtig. Vielmehr sollte man sich nach Ablauf des MHD zuerst einmal auf den eigenen Geruchs- und Geschmackssinn verlassen. Riecht und schmeckt zum Beispiel ein Joghurt nach Ablauf des MHD noch gut, dann kann man es auch ohne Sorge essen.

Verbrauchsdatum

Manche Produkte haben kein Mindesthaltbarkeitsdatum, sondern ein Verbrauchsdatum. Die Aufschrift „zu verbrauchen bis: XX.XX.XXXX" findest du meist auf leicht verderblichen Lebensmitteln wie frischem Fisch, frischem Geflügel oder Faschiertem (= Hackfleisch).

Frischware ohne MHD

Auf vielen frischen Lebensmitteln wie zum Beispiel Obst, Gemüse, Salat oder Kräutern findest du weder ein Mindesthaltbarkeits- noch ein Verbrauchsdatum. Wie bei Produkten mit einem MHD solltest du dich auch hier auf deine Sinne verlassen: Wie sieht das Lebensmittel aus? Wie riecht es? Hat es Schimmelflecken? Im letzten Schritt kann man es auch kosten, obwohl es bei Obst, Gemüse, Salat und Kräutern meist reicht, es genau anzusehen. Vor allem bei Gemüse, das ja noch gekocht wird, reicht es oft, die Schale oder dunkle Stellen zu entfernen. Obst oder Gemüse, das nicht mehr so knackig ist oder etwas runzelig wirkt, eignet sich hervorragend zum Zubereiten von Musen, Suppen oder Püree.

Zusammenfassung:

- ✝ Mindesthaltbarkeitsdatum ≠ Verbrauchsdatum
- ✝ Mindesthaltbarkeitsdatum ≠ Wegwerfdatum
- ✝ Verbrauchsdatum = Wegwerfdatum

5. Clean Kochen

Nur wer selbst kocht, weiß auch wirklich, was er isst. Kochen soll wieder Teil des Alltags werden und der Großteil der gegessenen Gerichte soll hausgemacht sein. Was sich für manch einen erst einmal kompliziert anhört, ist es eigentlich nicht: Mit einer guten Planung und gelingsicheren Rezepten klappt das cleane Kochen für jeden, egal ob Single oder Großfamilie.

Genug mit der Theorie, lass uns gemeinsam kochen!

Hinweis: Die bei den einzelnen Rezepten angegebenen Zubereitungszeiten verstehen sich ohne Gar- oder Backzeiten.

Frühstück & Brote

10 Minuten   **1** Kastenform

Dinkel-Toastbrot

Ob süß oder herzhaft, dieses gesunde Dinkel-Toastbrot ist vielfältig einsetzbar und zudem so einfach gemacht.

200 ml	Wasser, lauwarm
200 ml	Milch, lauwarm
1 TL	Honig
20 g	Trockenhefe
600 g	Dinkelmehl
150 g	Vollkorn-Dinkelmehl
60 g	Butter, weich
1 TL	Salz

✢ Wasser, Milch, Honig und Trockenhefe in eine Rührschüssel geben und mit einem Schneebesen kräftig verrühren.

✢ Nun Mehl, weiche Butter und Salz dazugeben und mit einem Knethaken ca. 8 Minuten kneten, bis ein geschmeidiger Teig entstanden ist. Nun den Teig zugedeckt für 30 Minuten an einem warmen Ort gehen lassen.

✢ Anschließend den Teig in eine eingefettete Kastenform füllen und erneut 15 Minuten gehen lassen. Heize währenddessen den Backofen auf 180 °C Heißluft vor.

✢ Backe das Brot für ca. 40 Minuten, bis es goldbraun ist und hohl klingt. Wenn du einen Dampf-Backofen hast, das Brot mit reichlich Dampf backen. Nach dem Abkühlen aus der Kastenform nehmen.

Dieses Toastbrot lässt sich hervorragend einfrieren oder mehrere Tage in einer Brotbox lagern.

Schnelle **Dinkel-Vollkorn-Brötchen**

Diese Dinkel-Vollkorn-Brötchen sind so schnell gemacht, dass du staunen wirst.

300 ml	Wasser, lauwarm
20 g	frische Hefe
1 TL	Honig
2 TL	Salz
500 g	Vollkorn-Dinkelmehl
120 g	Sonnenblumen-kerne
1–2 TL	Brotgewürz

✛ Den Backofen auf 200 °C Ober- und Unterhitze vorheizen. Die Hefe mit dem Honig in lauwarmem Wasser auflösen.

✛ Salz, Vollkornmehl, Sonnenblumenkerne und Brotgewürz in eine Rühr-schüssel geben und das Wasser-Hefe-Gemisch daruntermengen.

✛ Mit einer Rührmaschine oder einem Handmixer mit Knethaken so lange verrühren, bis ein geschmeidiger Teig entstanden ist. Der Teig sollte sich von allen Seiten lösen. Wenn er zu feucht ist, einfach etwas mehr Mehl dazugeben. Ist er zu trocken, mehr Wasser dazugeben.

✛ Den Teig in 8 bis 10 gleich große Teile teilen, diese mit den Händen zu Kugeln formen (schleifen) und dann auf ein mit Backpapier belegtes Blech legen.

✛ Backe die Brötchen für 25 Minuten bei 200 °C Ober- und Unterhitze. Am besten gleich im Anschluss lauwarm genießen.

AUFBEWAHRUNGS TIPP

Ausgekühlt kannst du die Brötchen auch einfrieren und am Vorabend einfach aus dem Tiefkühler nehmen. Am Morgen nochmal kurz backen, dann hast du wieder frische Brötchen.

Gefüllter **Frühstücks-Pilz**

Eierspeise mal anders: Dieser Frühstücks-Pilz ist perfekt für heiße Sommertage und schmeckt nicht nur als Frühstück, sondern auch als Beilage.

4	Portobello-Pilze (alternativ Champignons)
3–4 EL	Öl
1 TL	Paprikapulver
3–4	kleine Tomaten
1	Frühlingszwiebel
4	Eier
2–3 EL	Käse, gerieben
etwas	Schnittlauch
etwas	Pfeffer
1 TL	Salz (insgesamt)

✚ Heize das Backrohr auf 180 °C Ober- und Unterhitze vor.

✚ Putze die Portobello-Pilze (alternativ kannst du auch mehrere große Champignons verwenden) und entferne den Stiel sowie die Lamellen. Verteile etwas Öl und Salz auf und in den Pilzen.

✚ Lege die Pilze dann mit der Innenseite nach oben in eine Auflaufform und bestreue das Innere mit reichlich Paprikapulver.

✚ Schneide die Tomaten in Scheiben und hacke die Frühlingszwiebel fein. Tomatenscheiben in die Portobellos legen, jeweils ein Ei hineinschlagen und die Frühlingszwiebeln darauf verteilen. Nun den Käse darüberreiben und erneut etwas salzen.

✚ Backe die Portobellos für ca. 10 bis 12 Minuten bei 180 °C Ober- und Unterhitze, bis das Ei gestockt ist. Zum Schluss mit frischem Schnittlauch, Salz und Pfeffer würzen und warm servieren.

SPAR TIPP

Sommerzeit ist Champignonzeit. Besonders nach Regengüssen ist bei uns der Wiesenchampignon relativ leicht zu finden. Diesen am besten mit einem Pilz- oder Gemüsemesser abschneiden und in einem luftigen Korb transportieren.

Herzhafter **Gemüse-Porridge**

Porridge muss nicht immer süß sein, auch die herzhafte Variante mit Gemüse ist ein tolles, stärkendes Frühstück und zudem eine gute Möglichkeit, Gemüsereste zu verwerten.

Porridge

200 g	Brokkoli oder ein anderes Gemüse deiner Wahl
1	Frühlingszwiebel
2	Knoblauchzehen
2 EL	Öl
100 g	Haferflocken
200 ml	Milch
100 ml	Gemüsebrühe
1 TL	Curry
1 TL	Kreuzkümmel
1 TL	Salz
etwas	Pfeffer

Topping

etwas	Vogerlsalat
2 EL	gehackte Erdnüsse
etwas	Kresse

† Den Brokkoli waschen und in kleine Röschen teilen. Zwiebel und Knoblauch ebenfalls klein hacken.

† Das Öl in einem Topf erhitzen. Brokkoli, Zwiebel und Knoblauch dazugeben und für 5 bis 6 Minuten anbraten. Dann die Haferflocken, die Gewürze und das Salz dazugeben und gut umrühren.

† Anschließend die Milch und die Gemüsebrühe hineingießen und die Hitze reduzieren.

† Lasse den herzhaften Porridge nun auf niedriger Stufe für ca. 10 Minuten köcheln, bis das Gemüse die gewünschte Konsistenz erreicht hat, dazu eventuell etwas mehr Gemüsebrühe nachgießen.

† Schmecke den Porridge zum Schluss mit Salz und Pfeffer ab. Mit Kresse, Vogerlsalat und gehackten Erdnüssen garnieren.

MEAL-PREP TIPP

Bereite eine größere Menge vom Porridge zu und lagere ihn für bis zu fünf Tage im Kühlschrank oder friere ihn ein.

Gröstl-Omelett

Resteverwertung kann so lecker sein.
Dieses Gröstl-Omelett wird dich davon überzeugen.

4	Eier
100 ml	Sahne
2 EL	Butterschmalz
100 g	Speckwürfel
200g	gekochte Kartoffeln vom Vortag
1 EL	Petersilie, gehackt
1 TL	Kümmel
1 TL	Salz

✛ Eier, Sahne, Kümmel und Salz in eine Schüssel geben und mit einem Schneebesen vermengen, bis sich Eigelb und Eiweiß verbunden haben.

✛ Nun am besten zwei separate Omeletts zubereiten, da die Menge für eine Pfanne zu viel ist.

✛ Reichlich Butterschmalz samt den Speckwürfeln in zwei großen Pfannen erhitzen und dann auch die in Scheiben geschnittenen Kartoffeln vom Vortag (bereits gekocht) in den Pfannen verteilen.

✛ Nun die Ei-Sahne-Mischung darübergießen, die Hitze reduzieren und die Deckel der Pfannen schließen. Brate die Omeletts so lange, bis das Ei gestockt ist. Zum Schluss mit gehackter Petersilie garnieren und genießen.

Statt Speck kannst du auch Schinken oder Fleischreste vom Vortag verwenden oder das Gericht ganz ohne Fleisch zubereiten.

Süßer **Zucchini-Porridge**

Zucchini in einem süßen Porridge klingt zwar merkwürdig, du wirst das Gemüse aber nicht schmecken. Der Zucchini macht den Porridge nur super cremig und reichert ihn mit zusätzlichen Vitaminen an.

Porridge

200 g	Zucchini, geraspelt & ausgedrückt
400 ml	Milch deiner Wahl (z. B. Hafer-, Mandel-, Vollmilch)
20 g	Chia- oder Leinsamen
100 g	Haferflocken, Feinblatt

Optional

Zimt, Nelken o. Ä.

Topping

Beeren oder anderes Obst

etwas gehackte Nüsse

✕ Zucchini fein raspeln und in einem frischen Geschirrtuch kräftig ausdrücken, damit das gesamte Wasser entweicht.

✕ Die Milch mit den Zucchini-Raspeln in einem Topf zum Kochen bringen. Dann die Chia- oder Leinsamen dazugeben und erneut aufkochen lassen. Dabei immer gut umrühren. Den Herd abdrehen und die feinen Haferflocken einrühren. Optional noch etwas Zimt und Nelkenpulver dazugeben.

✕ Lasse den Porridge noch für 2 bis 3 Minuten durchziehen, bevor du ihn isst.

✕ Vor dem Servieren den Porridge mit ein paar frischen (oder TK) Beeren oder anderem Obst deiner Wahl und ein paar gehackten Nüssen garnieren.

RESTEVERWERTUNGS TIPP

Statt Zucchini kannst du auch fein geriebenen Kürbis oder geriebenes Obst verwenden, das du gerade zu Hause hast.

MEAL-PREP TIPP

Bereite eine größere Menge vom Porridge zu und lagere ihn für etwa eine Woche im Kühlschrank oder friere ihn ein.

Bratapfel-Porridge

Dieser wärmende Porridge stärkt dich für den Tag und erinnert mit seinen Gewürzen an die Weihnachtszeit.

Porridge

500 ml	Milch deiner Wahl
100 g	Haferflocken
30 g	Chia- oder Leinsamen
20 g	gepoppter Dinkel
2 EL	Erdnussbutter, zuckerfrei
1 TL	Zimt

Bratapfel-Topping

2	Äpfel
etwas	Wasser
1 TL	Zimt
½ TL	Nelken
½ TL	Piment

Weitere Toppings

8 EL	Naturjoghurt
4 EL	gehackte Nüsse

✛ Zuerst für das Bratapfel-Topping die Äpfel waschen, in kleine Würfel schneiden und in einer Pfanne oder einem Topf mit einem Schuss Wasser so lange köcheln lassen, bis sie weich sind. Zum Schluss die Gewürze dazugeben.

✛ Währenddessen für den Porridge die Milch zum Kochen bringen und anschließend die Hitze reduzieren. Die restlichen Zutaten dazugeben und 3 bis 4 Minuten bei ständigem Rühren köcheln. Dann den Herd abdrehen und den Deckel schließen. Kurz ziehen lassen.

✛ Zum Anrichten reichlich Porridge in Schalen verteilen, das Bratapfel-Topping darübergeben und dann mit Joghurt sowie gehackten Nüssen toppen.

Bereite die doppelte Menge vom Porridge zu und lagere den Rest für mehrere Tage im Kühlschrank oder friere ihn ein.

Gesunde **Kürbis-Waffeln**

*Waffeln sind nur für Kinder, denkst du?
Ganz und gar nicht. Diese gesunden Kürbis-Waffeln
sind ein tolles Sonntagsfrühstück für Jung und Alt.*

3	Eier
100 g	Kürbis, gegart & püriert
3 EL	Öl oder Butter, flüssig
3 EL	Haferflocken, gemahlen
1 TL	Zimt
½ TL	Backpulver
Optional	
etwas	Honig

+ Alle Zutaten in einer Schüssel mit einem Schneebesen vermengen und ein Waffeleisen erhitzen.

+ Die Masse nach und nach ins Waffeleisen gießen und backen.

Bereite eine größere
Menge an Waffeln zu
und friere sie ein.

Suppen & Vorspeisen

Immunbooster-**Hühnersuppe**

Mit dieser Hühnersuppe stärkst du nicht nur dein Immunsystem, sondern tust auch der Seele etwas Gutes.

1	ganzes Huhn
4	Karotten
½	Sellerieknolle
½	Fenchelknolle
1	Zwiebel
ca. 1 l	Wasser
1 EL	Salz
etwas	Pfeffer
1 EL	Ingwer, fein gehackt
2 EL	Kräuter deiner Wahl

+ Spüle das Huhn mit kaltem Wasser ab und gib es dann in einen großen Topf. Das ganze Gemüse waschen, in grobe Stücke schneiden und ebenfalls in den Topf geben.

+ Fülle so viel Wasser in den Topf, bis alles knapp bedeckt ist. Salz, Pfeffer und Ingwer dazugeben und alles zum Kochen bringen.

+ Dann die Hitze auf mittlere Stufe reduzieren, den Deckel schließen und die Suppe für 1 Stunde köcheln lassen (das Wasser sollte dabei nicht kochen).

+ Danach den Herd abschalten und die Suppe für eine weitere Stunde durchziehen lassen. Das Huhn nun aus der Suppe nehmen, das Fleisch von den Knochen lösen und die Fleischstücke zurück in die Suppe geben.

+ Die Suppe auf den Tellern verteilen und mit fein gehackten Kräutern deiner Wahl (z. B. Petersilie) garnieren.

Einen Teil der Suppe kannst du noch heiß in Gläser füllen, abkühlen lassen und für später einfrieren.

Winterliche **Minestrone**

Diese Minestrone ist weniger eine Vorspeise als vielmehr eine vollwertige Hauptspeise, die von innen wärmt und stärkt.

1	mittelgroße Zwiebel
4	Knoblauchzehen
250 g	Karotten
200 g	Weißkraut
150 g	Champignons
1 EL	Öl oder Butter
1 TL	Oregano, getrocknet
1 TL	Kümmel, ganz
1 TL	Salz
1 Schuss	Weißwein
400 ml	Gemüsebrühe (Gemüsebrühe-Paste, siehe Seite 166)
1 Dose	gewürfelte Tomaten
80 g	Dinkelnudeln

✛ Zwiebel und Knoblauch fein schneiden, Karotten schälen und in Scheiben schneiden. Die Champignons putzen (nicht waschen) und wie das Kraut in Streifen schneiden.

✛ Öl oder Butter in einem Topf erhitzen und Zwiebeln, Knoblauch, Salz, Kümmel und Oregano darin andünsten. Sobald die Zwiebeln glasig sind, das restliche Gemüse dazugeben und die Hitze erhöhen, sodass das Gemüse geröstet wird. Dabei immer wieder umrühren.

✛ Nach weiteren 5 Minuten das Gemüse mit einem Schuss Weißwein ablöschen, diesen verdampfen lassen und dann mit der Gemüsebrühe aufgießen. TIPP: Ich habe diese aus der selbstgemachten Gemüsebrühe-Paste (siehe Seite 166) mit heißem Wasser hergestellt.

✛ Die gewürfelten Tomaten in den Topf dazugeben und kurz aufkochen lassen. Die Hitze reduzieren und die Dinkelnudeln beimengen. Diese 3 Minuten mitgaren, dann den Deckel daraufgeben und den Topf vom Herd nehmen.

✛ Genieße die Suppe mit ein paar Scheiben getoastetem Brot mit Butter und Knoblauch.

Die Minestrone lässt sich hervorragend für mehrere Tage im Kühlschrank in einer Glas- oder Edelstahl-Dose lagern und auch für unterwegs oder das Büro einpacken.

Erbsen-Brokkoli-Suppe
mit Pfefferminze

Eine auf den ersten Blick ungewöhnliche Kombination, doch diese Erbsen-Brokkoli-Suppe mit Pfefferminze ist ein wahrer Gaumenschmaus.

1	kleine Zwiebel
2	Knoblauchzehen
200 g	Erbsen, TK
200 g	Brokkoli, Strunk
1 Schuss	Weißwein
200 ml	Pfefferminztee
1 TL	Salz
1 EL	Gemüsebrühe-Paste (Seite 166)
200 ml	Sahne
50 g	Butter, weich
2 EL	Butter zum Anbraten

✝ Bereite eine Tasse (200 ml) Pfefferminztee vor. Den Brokkolistrunk schälen und grob schneiden.

✝ Zwiebeln und Knoblauch hacken und dann gemeinsam mit Brokkoli und Erbsen in reichlich Butter glasig dünsten.

✝ TIPP: Du kannst die Erbsen direkt aus dem Tiefkühlfach verwenden und musst sie nicht vorab auftauen.

✝ Mit einem Schuss Weißwein (oder Weißweinessig, falls Kinder mitessen) ablöschen und dann mit dem Pfefferminztee, den du bereits vorbereitet hast, aufgießen.

✝ Salz und Gemüsebrühe-Paste dazugeben und für 10 bis 15 Minuten köcheln lassen. Danach den Herd ausschalten.

✝ Nun die Sahne und weiche Butter hinzufügen und die Suppe fein pürieren. Heiß, lauwarm oder kalt genießen.

AUFBEWAHRUNGS TIPP

Bereite eine größere Menge vor und entnimm den Teil, den du nicht isst, bevor du die Sahne und Butter dazugibst. So kannst du die Suppe dann lange im Kühlschrank lagern oder einfrieren.

Maroni-Birnen-Suppe

Eine unschlagbare Kombination: Maroni und Birnen, verfeinert mit cremigem Frischkäse.

2	Zwiebeln
4	Knoblauchzehen
2 EL	Butterschmalz
½ TL	Nelken, gemahlen
½ TL	Anis
½ TL	Piment
½ TL	Muskatnuss
300 g	Maroni, gegart & geschält
1	Birne
800 ml	Gemüsebrühe
200 g	Frischkäse
1–2 TL	Salz

✛ Zwiebeln und Knoblauchzehen grob zerkleinern. Reichlich Butterschmalz in einem Topf erhitzen und alle Gewürze darin kurz rösten, bis sie zu duften beginnen. Dann die Zwiebeln dazugeben, gut umrühren und diese glasig dünsten.

✛ Die essfertigen (also schon gegarten und geschälten) Maroni, die zerkleinerte Birne und den gehackten Knoblauch dazugeben und mit der Gemüsebrühe aufgießen.

✛ Lass die Suppe nun für 15 Minuten bei geschlossenem Deckel köcheln. Gib den Frischkäse dazu und koche die Suppe erneut auf.

✛ Nun wird die Suppe fein püriert. Wenn sie zu dickflüssig ist, einfach noch mit etwas Gemüsebrühe aufgießen.

✛ Die Suppe auf Tellern verteilen, mit ein paar weichen Birnen und frischen Kräutern garnieren und genieße.

Entnimm einen Teil der Suppe, bevor du den Frischkäse hinzufügst, und friere ihn für später ein.

Lachsforellen-Tatar mit Gurkensalat auf Frischkäsecreme

Wenn du nach einer besonderen Vorspeise ohne großen Aufwand suchst, bist du bei diesem Rezept genau richtig.

200 g	Lachsforelle, frisch
200 g	Lachsforelle, geräuchert
2	Knoblauchzehen
1	Bio-Zitrone
1	Gurke
2	Frühlingszwiebeln
1 EL	Dill
2 EL	Öl
200 g	Frischkäse
1–2 TL	Kren (Meerrettich)
1 TL	Salz

✝ Die frische Lachsforelle, wenn nötig, von Gräten befreien und dann gemeinsam mit der geräucherten Lachsforelle in sehr kleine Würfel schneiden. Den Knoblauch schälen, ebenfalls sehr fein schneiden und unter den Fisch mischen.

✝ Die Zitrone heiß abwaschen, trocknen, die Schale abreiben und das Fleisch auspressen. Die Hälfte des Abriebs und des Saftes unter den Lachs mischen und diesen anschließend in den Kühlschrank stellen.

✝ Für den Gurkensalat die Gurke in kleine Würfel schneiden. Die Frühlings- zwiebel waschen und fein hacken. Beides in eine Schüssel geben und mit dem restlichen Zitronensaft und -abrieb sowie Öl und Dill marinieren.

✝ Den Frischkäse mit etwas Kren und Salz glattrühren und dann auf 4 Gläschen oder Schälchen verteilen.

✝ Den Fisch nun salzen und dann ebenfalls in die Gläser schichten. Zum Schluss den Gurkensalat darauf verteilen und die Gläser als Vorspeise, z. B. mit einer Scheibe getoastetem Vollkorntoast (siehe Seite 30), genießen.

Du kannst das Tatar auch ausschließlich mit geräucherter Lachsforelle zubereiten, da frischer, hochwertiger Fisch teuer sein kann.

Mini-Cordon-bleu

Egal ob als Vorspeise, Snack oder Beilage, die Mini-Cordon-bleu schmecken wirklich jedem und sind supereinfach gemacht.

6 Sch.	Schinken
6 St.	Käse
3 EL	Dinkel-Vollkornmehl
1	Ei
etwas	Salz
2 EL	Kürbiskerne, fein gehackt
2 EL	Haferflocken, fein gemahlen
2 EL	Butterschmalz

+ Bereite 6 Stücke Käse mit einer Größe von ca. 2 x 2 cm vor.

+ Lege nun die erste Scheibe Schinken auf ein Schneidbrett und platziere ein Stück Käse an einem Eck. Schneide den Schinken nun der Länge nach direkt neben dem Käse durch. Wickle den Käse dann mit dem abgeschnittenen Schinken ein.

+ Klappe den restlichen Schinken der Länge nach so ein, dass er genau die Breite des Käsestücks hat, und wickle den Käse damit ein. Und zwar so, dass der Käse von allen Seiten mit Schinken umschlossen ist.

+ Nun geht's ans Panieren: Dazu Mehl in eine Schüssel geben, Ei und Salz in eine weitere und feine Haferflocken sowie fein gehackte Kürbiskerne in eine dritte. Das Ei mit einer Gabel aufschlagen, anschließend jedes Käse-Schinken-Paket panieren.

+ Zum Abschluss reichlich Butterschmalz in einer Pfanne erhitzen und die Mini-Cordon-bleus auf beiden Seiten 4 bis 5 Minuten anbraten, bis sie goldbraun und weich sind.

+ Genieße sie dann entweder als Snack, auf einem großen Salat, zu Kartoffel-Wedges (siehe Seite 128), einem falschen Kartoffelsalat (siehe Seite 62) oder einer anderen Beilage deiner Wahl.

SPAR TIPP

Du kannst das Mini-Cordon-bleu im Kühlschrank lagern und am nächsten Tag noch einmal kurz in einer Pfanne, im Ofen oder in der Mikrowelle erhitzen, damit der Käse wieder schön weich wird.

Haupt-gerichte mit Fleisch & Fisch

Falscher **Kartoffelsalat**
mit Grillwürstchen

Wenn du diesen falschen Kartoffelsalat erst einmal probiert hast, willst du keinen anderen mehr essen. Er passt perfekt zu Gegrilltem wie Würstchen oder Fleisch.

500 g	Grillwürstchen deiner Wahl
4 Handvoll	Salat
1	Zucchini
etwas	Balsamico-Dressing (siehe Seite 176)

Falscher Kartoffelsalat

2	Kohlrabi
1	Zwiebel
4	Knoblauchzehen
2 EL	Öl
100 g	Mayonnaise, zuckerfrei
250 g	Sauerrahm
100 g	Essiggurken
1 TL	Senf
1 TL	Salz
1 TL	Schnittlauch
1 TL	Petersilie

+ Heize das Backrohr auf 200 °C Ober- und Unterhitze vor.

+ Die gewürfelten Kohlrabi samt fein gehackter Zwiebel und Knoblauchzehen mit Öl marinieren und dann für ca. 20 Minuten bei 200 °C Ober- und Unterhitze weichgaren. Das fertige Gemüse in eine große Schüssel geben und mit den restlichen Zutaten (Mayo, Sauerrahm etc.) gut vermengen.

+ Den Grill vorheizen und die Würstchen deiner Wahl sowie geschnittenes Gemüse deiner Wahl (z. B. Zucchini) auf beiden Seiten 2 bis 3 Minuten grillen.

+ Nun alles auf Tellern anrichten, etwas Salat samt Dressing dazugeben und genießen.

Wurstwaren aus lokaler Produktion werden oft relativ günstig in Hofläden oder auf Bauernmärkten angeboten.

Bereite mehr vom falschen Kartoffelsalat zu. Dieser schmeckt auch nach mehreren Tagen im Kühlschrank sehr gut.

Enchilada mit Hackfleisch-Karotten-Füllung

Ein Klassiker der Tex-Mex-Küche: Enchilada gefüllt mit Hackfleisch und, um sie etwas nährstoffreicher zu machen, Gemüse der Saison. Das Gericht ist besonders schnell, einfach und günstig.

1	Zwiebel
4	Knoblauchzehen
2	Karotten
2 EL	Öl
200 g	Hackfleisch, gemischt
1 TL	Salz
1 Dose	Tomaten, gehackt
1 TL	Kreuzkümmel, gemahlen
2 TL	Paprikapulver
2	Mais-Tortilla-Wraps
150 g	Käse, gerieben
60 g	Sauerrahm
2 EL	Koriander oder Petersilie, gehackt

+ Zwiebeln und Knoblauch schälen und fein hacken. Die Karotten ebenso schälen und klein würfeln.

+ Reichlich Öl in einer Pfanne erhitzen und Zwiebeln, Hackfleisch sowie Salz dazugeben und scharf anbraten. Anschließend Tomaten aus der Dose, Knoblauch, Kreuzkümmel und Paprikapulver beimengen. Das Ganze nun für 10 Minuten bei niedriger Hitze köcheln lassen.

+ Heize den Backofen auf 180 °C Ober- und Unterhitze vor.

+ Die zwei Wraps auslegen und die Hackfleisch-Karotten-Füllung mittig auf beiden verteilen sowie mit je 50 g Käse bestreuen.

+ Anschließend die Wraps einklappen und nebeneinander in eine eingefettete Auflaufform legen. Den restlichen Käse darüberstreuen und für 15 Minuten bei 180 °C Ober- und Unterhitze backen.

+ Vor dem Servieren noch etwas Sauerrahm und gehackte Kräuter auf der Enchilada verteilen.

MEAL-PREP TIPP

Bereite die doppelte Menge der Füllung zu und verwende sie an einem anderen Tag als Sauce zu Nudeln oder Reis.

Rindsgeschnetzeltes
mit Kartoffelnockerln

Ein Klassiker der österreichischen Küche: Geschnetzeltes vom Rind oder Schwein. Dazu gibt's Kartoffelnockerln, die innen weich und außen knusprig sind.

Nockerln

500 g	Kartoffeln
3	Eidotter
1 TL	Salz
1 TL	Muskatnuss, gerieben
2 TL	Thymian
2 EL	Öl oder Butterschmalz

Geschnetzeltes

500 g	Rindsgeschnetzeltes
2 EL	Öl oder Butterschmalz
2	Zwiebeln, fein gehackt
1 TL	Thymian
300 ml	Rinderfond
1 TL	Salz
etwas	Pfeffer
100 g	Sauerrahm
100 ml	Sahne

✝ Zuerst die Kartoffeln in Salzwasser oder einem Dampfgarer weichgaren. Noch heiß schälen und dann durch eine Kartoffelpresse drücken. Eidotter, Thymian, Salz und Muskatnuss zügig unterheben und anschließend etwas abkühlen lassen.

✝ Währenddessen das Geschnetzelte zubereiten. Dazu das Rindfleisch in kleine Stücke schneiden.

✝ Reichlich Butterschmalz oder Öl in einer Pfanne erhitzen und das Fleisch darin scharf auf beiden Seiten (ca. 30 Sekunden) anbraten. Das Fleisch aus der Pfanne nehmen und zur Seite stellen.

✝ Die geschälten Zwiebeln fein hacken, samt Thymian im Bratenrückstand glasig andünsten und anschließend mit dem Rinderfond ablöschen. Salzen und pfeffern und so lange köcheln lassen, bis die Sauce sämig ist.

✝ Nun das Fleisch in die Sauce geben und diese mit Sauerrahm und Sahne verfeinern. Bei sehr niedriger Temperatur warmhalten, während du die Nockerln fertig machst.

✝ Mit 2 Esslöffeln Nockerln aus der Kartoffelmasse formen. In einer Pfanne reichlich Öl oder Butterschmalz erhitzen und die Nockerln darin rundherum knusprig anbraten.

✝ Nockerln und Geschnetzeltes auf Tellern anrichten und mit etwas Thymian garnieren.

Kaufe das Fleisch in einer größeren Packung und bereite die doppelte Menge Geschnetzeltes zu. Den Rest kannst du mehrere Tage im Kühlschrank lagern oder einfrieren.

Griechische **Moussaka**

25 Minuten   **4** Portionen

400 g	Kartoffeln
1	Melanzani
1 EL	Butterschmalz
100 g	Bergkäse, gerieben

Bolognese-Sauce

1	Zwiebel
3	Knoblauchzehen
2 EL	Butterschmalz
400 g	Faschiertes, gemischt
1 EL	Oregano, gehackt
1 TL	Rosmarin, gehackt
4 EL	Tomatenmark
1 EL	Paprikapulver
1 Schuss	Rotwein
2 Dosen	Tomaten, gewürfelt
2 TL	Salz
etwas	Pfeffer

Béchamel-Sauce

3 EL	Butter
4 EL	Dinkel-Vollkornmehl
300 ml	Milch
200 ml	Sahne
1	Ei
1 TL	Salz
etwas	Pfeffer
etwas	Muskatnuss

- Die Kartoffeln waschen und dann in Salzwasser weichkochen.
- Währenddessen die Bolognesesauce zubereiten. Dazu Zwiebeln und Knoblauch fein hacken und in reichlich Butterschmalz anbraten. Oregano, Rosmarin und Faschiertes dazugeben und scharf anbraten.
- Dann das Tomatenmark unterheben, Paprikapulver hinzufügen und noch einmal kurz braten. Mit einem Schuss Rotwein ablöschen und mit den gewürfelten Tomaten aufgießen. Reichlich salzen und pfeffern.
- Reduziere nun die Hitze und lasse die Bolognesesauce für die Moussaka für 30 Minuten bei mittlerer Hitze und geschlossenem Deckel köcheln. Danach ohne Deckel noch 10 Minuten eindicken lassen.
- In der Zwischenzeit die Melanzani waschen und in ca. 0,5 cm dicke Scheiben schneiden. Die obere Seite großzügig salzen. Nach ca. 30 Minuten kannst du die Melanzani abspülen und trockentupfen.
- Butterschmalz in einer großen, beschichteten Pfanne erhitzen und die Melanzani-Scheiben auf beiden Seiten goldbraun anbraten.
- Die fertig gegarten Kartoffeln abgießen und pellen. Diese nun in 0,5 cm dicke Scheiben schneiden, direkt in eine Auflaufform schichten und salzen. Dann die gebratenen Melanzani-Scheiben darauf verteilen.
- Heize den Backofen auf 200 °C Ober- und Unterhitze vor.
- Im nächsten Schritt die Béchamelsauce vorbereiten. Zerlasse dazu die Butter in einem Topf und rühre das Vollkornmehl mit einem Schneebesen ein, sodass eine dicke Paste entsteht.
- Gieße dann die Milch und Sahne in den Topf und rühre kräftig mit dem Schneebesen um. Lass die Sauce kurz köcheln, damit sie eindickt. Den Herd abdrehen und das Ei, Salz, Pfeffer und Muskatnuss zügig einrühren.
- Sobald die Bolognesesauce fertig ist, diese auf den Melanzani verteilen. Reibe den Käse und streue diesen auf der Bolognesesauce. Zum Schluss die Béchamelsauce auf dem Käse verstreichen.
- Backe das Moussaka nun für 40 Minuten bei 200 °C Ober- und Unterhitze. Eventuell die letzten 5 Minuten die Grillfunktion aktivieren.
- Reiche die Moussaka am besten mit grünem Salat.

Reste können mehrere Tage im Kühlschrank aufbewahrt oder eingefroren werden.

Puten-Saltimbocca auf Rote-Bete-Hummus mit Kohlsprossen

Statt mit teurem Kalbfleisch kannst du auch mit Puten- oder Hühnerfleisch ein zartes Saltimbocca zubereiten. Dazu gibt's regionalen Rote-Bete-Hummus und Kohlsprossen.

Saltimbocca

2	Putenschnitzel
1 TL	Salz
etwas	Pfeffer
1 EL	Dijon-Senf
2 EL	Salbei, gehackt
4 Stf.	Speck
1 EL	Butterschmalz
1 EL	Butter

Rote-Bete-Hummus

200 g	Rote Bete, gekocht & geschält
200 g	weiße Bohnen, gekocht
1 TL	Kren, gerieben
2 TL	Salz
1 TL	Kümmel, gemahlen
2–3 EL	Olivenöl

Kohlsprossen

500 g	Kohlsprossen
etwas	Salz
etwas	Kümmel
etwas	Pfeffer

+ Die Kohlsprossen waschen und in reichlich Salzwasser (oder im Dampfgarer) bissfest garen.

+ Währenddessen alle Zutaten für den Hummus in einen starken Mixer geben und so lange mixen, bis ein Mus entstanden ist. Wenn es noch zu klumpig ist, einfach mehr Olivenöl dazugeben.

+ Für das Saltimbocca die Putenschnitzel (alternativ Schnitzel vom Schwein oder Huhn) halbieren, auf beiden Seiten salzen und pfeffern und dann auf eine Seite Senf geben. Die Hälfte des gehackten Salbeis darauf verteilen.

+ Einen Streifen Speck auf der Oberseite der Schnitzel (der Seite mit Senf) platzieren und mit einem Zahnstocher fixieren.

+ Reichlich Butterschmalz in einer Pfanne erhitzen und die Putenschnitzel auf der Unterseite scharf anbraten. Nach 1 Minute wenden und auch auf der Seite mit dem Speck bei hoher Hitze braten.

+ Anschließend die Hitze reduzieren, die Schnitzel wieder umdrehen und in der Pfanne auf die Seite schieben. Den restlichen Salbei zum Bratenrückstand in die Pfanne geben und einen Esslöffel Butter hinzufügen.

+ Nun auch die bissfest gegarten und abgetropften Kohlsprossen, etwas Kümmel, Salz und Pfeffer in die Pfanne geben und in der Salbeibutter schwenken.

+ Den Rote-Bete-Hummus (du kannst diesen auch in einem Topf erwärmen) auf zwei Tellern verteilen, je 2 Stück Puten-Saltimbocca darauflegen und zum Schluss die Kohlsprossen samt Salbeibutter hinzufügen.

MEAL-PREP TIPP

Bereite eine größere Menge vom Hummus zu und lagere ihn für bis zu einer Woche im Kühlschrank. Der Hummus eignet sich sehr gut als Brotaufstrich oder Dip.

Hüftsteak mit Blitz-Letscho

 20 Minuten   **2** Portionen

Wer Steak liebt, aber Geld sparen will, sollte besser zu einem Hüftsteak statt einem Filet greifen. Dieses schmeckt richtig zubereitet genauso gut.

Steaks

2	Hüftsteaks
1 EL	Rosmarin, gehackt
1 EL	Paprikapulver
1 EL	Knoblauch-granulat
1 EL	Salz
2 EL	Butterschmalz

Letscho

2	Paprika (z. B. grün und gelb)
250 g	Cherrytomaten
1	Zwiebel
2	Knoblauchzehen
1 TL	Paprikapulver
1 TL	Salz
etwas	Pfeffer
1 EL	Butterschmalz

Für die Kräuterbutter siehe Seite 169

+ Die Steaks wenn möglich bereits am Vortag mit Trockenmarinade einreiben. Dazu Rosmarin, Paprikapulver und Knoblauchgranulat in eine Schüssel geben und gut umrühren. In einer Glas- oder Edelstahl-Schüssel mindestens 3 Stunden im Kühlschrank durchziehen lassen.

+ Dann die Steaks auf beiden Seiten damit marinieren und zurück in den Kühlschrank stellen.

+ Die Steaks 1 Stunde vor dem Braten aus dem Kühlschrank nehmen und erst kurz davor salzen.

+ Nun erhitze reichlich Butterschmalz in einer Pfanne und brate die Steaks auf beiden Seiten scharf an, bis sie den gewünschten Garpunkt erreicht haben. Wickle sie dann in eine Folie und lasse sie darin für 8 bis 10 Minuten ruhen.

+ Währenddessen das Blitz-Letscho zubereiten. Dazu Paprika und Tomaten waschen und in grobe Stücke schneiden. Zwiebeln und Knoblauch schälen und fein hacken. Reichlich Butterschmalz in derselben Pfanne erhitzen (diese nicht vorher waschen) und das gesamte Gemüse darin glasig andünsten. Mit Salz und Paprikapulver sowie etwas Pfeffer würzen.

+ Nimm die Kräuterbutter aus dem Tiefkühler und schneide sie in Scheiben. Verteile das Letscho auf zwei Tellern, lege je ein Steak darauf und garniere dieses mit ein paar Scheiben Kräuterbutter. Zum Schluss reichlich salzen und pfeffern.

Kaufe am besten ein Steak aus der Region, das gerade in Aktion ist.

Bereite eine größere Menge vom Letscho zu und lagere es für mehrere Tage im Kühlschrank. Du kannst es, mit etwas Feta verfeinert, an einem anderen Tag essen.

Spargel-Gröstl
mit Schinken und Spiegelei

Dieses Gröstl ist perfekt für den Frühling, wenn Spargel Saison hat. So schmeckt es sogar noch besser als nur mit Kartoffeln.

250 g	gekochte Kartoffeln vom Vortag
400 g	grüner Spargel
100 g	Schinken-Reste
2 EL	Butterschmalz
1 TL	Salz
1 TL	Kümmel, ganz
1 Schuss	Weißwein(-essig)
2 EL	Petersilie
2 EL	Schnittlauch
2	Eier
etwas	Kresse & Pfeffer

+ Kartoffeln am Vortag samt Schale weichkochen oder im Dampfgarer garen und anschließend schälen, solange sie noch warm sind. Über Nacht im Kühlschrank lagern.

+ Am nächsten Tag den Spargel waschen und die holzigen Enden abschneiden. Den Rest dann in 2 bis 3 cm lange Stücke schneiden. Die Kartoffeln in Scheiben und den Schinken in kleine Würfel schneiden.

+ Reichlich Butterschmalz in einer großen Pfanne erhitzen und den Kümmel sowie das Salz dazugeben.

+ Wenn das Fett heiß ist, Kartoffeln, Spargel und Schinken in die Pfanne geben und bei hoher Hitze rösten. Dabei nicht ständig umrühren. Petersilie und Schnittlauch dazugeben und mit Weißwein(-essig) ablöschen. Mit Salz und Pfeffer abschmecken.

+ Nochmal kurz alles durchrösten und 2 Mulden bilden. Darin die 2 Spiegeleier braten. Das Gröstl dann auf zwei Tellern verteilen und das Spiegelei daraufsetzen. Mit frischen Kräutern und/oder Kresse garnieren.

Kaufe Spargel, da er etwas teurer ist, am besten in Aktion. Auch Hofläden bieten ihn manchmal günstiger an. Auf Bauernmärkten gibt es gegen Ende des Tages oft richtige Schnäppchen, wenn die Verkäufer die letzten Spargelstangen loswerden wollen.

Das Gröstl (ohne Ei) lässt sich super für mehrere Tage im Kühlschrank aufbewahren und kann auch kalt gegessen werden.

Speck-Bohnen auf Karfiol-Frischkäse-Püree

Karfiol ist definitiv unterbewertet. Vor allem als Püree mit Frischkäse, denn so cremig hast du Püree noch nie gegessen. Dazu gibt's Speck-Bohnen oder ein anderes Gemüse der Saison.

Püree

½ Kopf	Karfiol (inkl. Strunk)
1	Zwiebel
4	Knoblauchzehen
100 g	(Ziegen-) Frischkäse
50 g	Butter, weich
1–2 TL	Salz
etwas	Muskatnuss
etwas	Pfeffer

Bohnen

400 g	grüne Bohnen
100 g	Speck, gewürfelt
1 TL	Kümmel, ganz
2 EL	Butterschmalz

✝ Für das Püree den Karfiol grob zerkleinern, Zwiebel und Knoblauch schälen und ebenfalls grob schneiden. Alles gemeinsam in einem Dampfgarer, Schnellkochtopf oder in Salzwasser sehr weich garen.

✝ Abseihen und dann gemeinsam mit den restlichen Zutaten (Frischkäse, weiche Butter, Salz, Muskatnuss, Pfeffer) so lange in einem Mixer oder mit einem Pürierstab zerkleinern, bis ein cremiges Püree entstanden ist. Dieses dann in einen Topf geben und darin bei niedriger Hitze warmhalten. Währenddessen die Bohnen bissfest garen.

✝ Erhitze nun reichlich Butterschmalz in einer Pfanne. Gib Kümmel und Speck dazu und brate beides kurz an. Danach auch die grünen Bohnen in die Pfanne geben und alles für 4 bis 5 Minuten anbraten.

✝ Das Püree nun auf Tellern verteilen und mit reichlich Bohnen und Speck servieren.

Karfiol findest du häufig besonders günstig bei einem Hofladen in deiner Nähe oder natürlich am Bauernmarkt.

Bereite eine größere Menge vom Karfiolpüree zu und lagere es für bis zu fünf Tage im Kühlschrank. Dieses schmeckt, anders als Kartoffelpüree, nach dem Aufwärmen genauso gut wie frisch.

Vollkorn-Serviettenknödel
auf Rahmsauerkraut

Altes, hartes Brot muss nicht im Biomüll landen.
Reste zu verwerten, spart Geld und kann so gut
schmecken. Dieses Rezept ist der Beweis.

Knödel

120 g	altes Vollkornbrot
100 ml	heiße Milch
1 kleine	Zwiebel
	oder etwas Lauch
1	Ei
2 EL	Leinsamen, geschrotet
1 EL	Roggen- oder Dinkel-Vollkornmehl
1 TL	Salz
etwas	Petersilie
2 EL	Butterschmalz

Sauerkraut

1	Zwiebel oder etwas Lauch
1 TL	Kümmel, ganz
2 EL	Speck, gewürfelt
1 EL	Butterschmalz
250 g	Sauerkraut, essfertig
100 ml	Sahne
1 TL	Salz
etwas	Pfeffer

+ Das alte Vollkornbrot in kleine Würfel schneiden und in eine Schüssel geben. Die Milch erhitzen und über das Brot gießen. Lasse es so lange einweichen, bis auch die Kruste weich ist.

+ Währenddessen für das Rahmsauerkraut die Zwiebel fein hacken und gemeinsam mit dem Kümmel in reichlich Butterschmalz glasig dünsten. Optional etwas Speck mitbraten.

+ Gib dann das Sauerkraut dazu und lasse alles gemeinsam für ca. 10 Minuten bei mittlerer Hitze köcheln. Zum Schluss die Sahne hinzufügen und für weitere 3 bis 4 Minuten köcheln lassen. Mit Salz und Pfeffer abschmecken, den Herd abdrehen und den Deckel schließen.

+ Für die Knödel nun erneut Zwiebel oder Lauch klein hacken und dann gemeinsam mit Ei, Leinsamen, Roggen- oder Dinkel-Vollkornmehl und etwas Salz zum eingeweichten Brot geben. Die Petersilie fein hacken und ebenfalls unterheben.

+ Lass den Teig für 10 Minuten ruhen. Dann etwas Frischhaltefolie auf die Arbeitsfläche legen und den Teig in deren Mitte kippen.

+ Verschließe die Folie und forme eine Rolle. Drehe die Enden so ein, dass der Teig ganz kompakt in der Folie ist. Verknote die Enden anschließend.

+ Bringe reichlich Wasser zum Sieden (nicht Kochen!). Lege den Teig ins siedende Wasser und gare den Serviettenknödel dann 15 Minuten darin. Danach aus der Folie holen und kurz abkühlen lassen.

+ Nun den Serviettenknödel in Scheiben schneiden und diese in reichlich Butterschmalz in der Pfanne anbraten.

+ Das Rahmsauerkraut auf zwei Teller verteilen und die Serviettenknödel darauf anrichten. Mit frischer Petersilie garnieren und am besten mit einem grünen Salat genießen.

Sowohl vom Sauerkraut als auch von den Knödeln kannst du eine größere Menge zubereiten. Den Knödel einfach einfrieren und das Sauerkraut in einem gut verschlossenen Einmachglas im Kühlschrank lagern.

Gesunder **Schinken-Käse-Toast**

Schinken-Käse-Toast geht auch gesund. Mit selbstgemachtem Dinkel-Toastbrot, hochwertigem Schinken und regionalem Käse wird aus Fast Food ein gesundes Hauptgericht.

Toast

4 Sch.	Dinkel-Toastbrot (siehe Seite 31)
ca. 150 g	Schinken
8 Sch.	Emmentaler-Käse
1–2 TL	Senf
etwas	Butter

✛ Je eine Seite des Toasts mit Butter beschmieren. Die andere Seite mit etwas Senf bestreichen.

✛ Auf den Senf dann zwei Scheiben Emmentaler, reichlich Schinken und eine weitere Scheibe Emmentaler legen. Die zweite Scheibe Brot mit der Butterseite nach außen darauflegen.

✛ Währenddessen am besten den Toaster/Sandwichmaker vorheizen. Wenn du keinen hast, kannst du die Toasts auch in einer beschichteten Pfanne mit Deckel zubereiten.

✛ Die Toasts so lange toasten, bis der Käse geschmolzen ist. Genieße die Toasts mit selbstgemachtem, zuckerfreiem Ketchup, selbstgemachter Mayonnaise und mit etwas grünem Salat oder Gemüse.

Bereite mehr Toasts zu und genieße sie am nächsten Tag kalt.

Karpfenfilet mit Kräuterhaube auf Rote-Bete-Kartoffelpüree

 25 Minuten   **2** Portionen

*Regionaler Fisch kann auch festlich sein.
Dieses Karpfenfilet mit Kräuterhaube eignet sich also
hervorragend als Festtagsessen oder wenn Gäste kommen.*

Fischfilets

2	Karpfenfilets (oder Forelle, Saibling)
2 EL	Öl
1 TL	Salz

Kräuterhaube

4 EL	Petersilie, grob gehackt
2 EL	Parmesan, grob gehackt
2 EL	Walnüsse, grob gehackt
2	Knoblauchzehen, grob gehackt
1 TL	Salz
1 EL	Öl
1 TL	Zitronensaft

Rote-Bete-Kartoffelpüree

2	mittelgroße Kartoffeln
200 g	Rote Bete, gekocht
1	Knoblauchzehe, gepresst
2 TL	Salz
1 EL	Kren, frisch
50 ml	Sahne
50 g	Butter, weich

✝ Zuerst für das Püree die Kartoffeln sowie die Rote Bete sehr weich kochen oder im Dampfgarer garen. Heize den Backofen außerdem auf 160 °C Heißluft vor.

✝ Währenddessen das Fischfilet mit Öl und Salz marinieren und in eine Auflaufform geben.

✝ Für die Kräuterhaube alle genannten Zutaten in einen Mixer geben und so lange zerkleinern, bis eine homogene Masse entstanden ist. Verteile diese im Anschluss auf den Filets.

✝ Backe den Fisch nun für 20 Minuten bei 160 °C Heißluft. Sollte die Kräuterkruste dunkel werden, einfach eine Folie darübergeben.

✝ Während der Fisch im Ofen ist, kannst du die Kartoffeln und Rote Bete (noch warm) schälen und mithilfe einer Kartoffelpresse zu einem Püree verarbeiten. Mit den restlichen Zutaten verfeinern und mit reichlich Butter in einem Topf erwärmen.

✝ Zum Anrichten das Püree auf zwei Tellern verteilen und jeweils ein Fischfilet samt Kräuterhaube darauflegen. Mit etwas Öl und Meersalz garnieren und genießen.

Kaufe ein regionales Fischfilet, das gerade in Aktion ist.

Gebackener **Saibling-Brokkoli-Auflauf**

Dieser cremige Auflauf überzeugt sogar Fisch-Verweigerer. Probier es aus und lass dich überraschen.

4 EL	Butter
1 TL	Paprikapulver
½ TL	Kurkuma
2 EL	Vollkorn-Dinkelmehl
300 ml	Milch
300 ml	Sahne
ca. 500 g	Saiblingfilet
1 EL	Dill, gehackt
etwas	Salz & Pfeffer
100 g	Bergkäse, gerieben
500 g	Brokkoli
etwas	Butter für die Mehlschwitze
50 g	Käse zum Bestreuen

✝ Das Backrohr auf 180 °C Ober- und Unterhitze vorheizen.

✝ Erhitze die Butter in einem großen Topf, gib Paprikapulver und Kurkuma hinzu und brate die Gewürze etwa 30 Sekunden lang an.

✝ Gib nun nach und nach das Mehl dazu und rühre dabei mit einem Schneebesen um. Nimm den Topf vom Herd und rühre die Milch und die Sahne unter. Stell den Topf zurück auf den Herd und rühre weiter, bis die Sauce dick wird.

✝ Koche die Sauce auf und lasse sie anschließend etwa 8 Minuten unter weiterem Rühren köcheln. Bestreue währenddessen die Saiblingfilets mit Dill, Salz und Pfeffer.

✝ Schalte den Herd ab und gib den geriebenen Käse dazu. Rühre weiter, bis der Käse geschmolzen ist. Nun gieße die Sauce in eine ofenfeste Backform.

✝ Schneide den Saibling in Würfel. Lege diesen in die Sauce und gib den Brokkoli hinzu, den du mit einer Prise Salz würzt. Bestreue alles mit geriebenem Käse deiner Wahl.

✝ Lass den Auflauf für ca. 20 Minuten im Ofen backen, bis er gar und goldbraun ist und die Sauce brodelt. Für die letzten 5 Minuten am besten die Grillfunktion aktivieren.

Kaufe Käse immer im Ganzen
und reibe ihn selbst.

Rote-Bete-Hering-Laibchen auf Mayo-Dip mit karamellisierten Rüben

Die gesunde Alternative zu Fischstäbchen: diese Rote-Bete-Hering-Laibchen, verfeinert mit einem leckeren Mayo-Dip, dem niemand widerstehen kann.

Laibchen

150 g	geräucherter Hering
150 g	gekochte & geschälte Rote Bete
30 g	Apfel
50 g	Haferflocken, Feinblatt
1	Ei
1 TL	Salz
2	Knoblauchzehen
1 EL	Dill
2 EL	Öl

Dip

2 EL	Mayonnaise, zuckerfrei
2 EL	Sauerrahm
1 EL	Sahne
1 TL	Senf
1 TL	Dill
1 TL	Zitronensaft
etwas	Salz & Pfeffer

Rüben

300 g	Gelbe Rüben oder Karotten
2 EL	Lauch, fein gehackt
1 EL	Butterschmalz
1 TL	Salz
etwas	Dill
1 TL	Honig

- Heize den Backofen auf 200 °C Ober- und Unterhitze vor.
- Für die Laibchen alle aufgelisteten Zutaten in einen Mixer geben und so lange zerkleinern, bis eine homogene Masse entstanden ist.
- Belege ein Blech mit Backpapier und forme nun aus dem Teig Laibchen. Du kannst den Teig für ein noch schöneres Ergebnis auch in Muffinförmchen füllen. Backe die Laibchen nun für 20 Minuten bei 200 °C Ober- und Unterhitze.
- Währenddessen die Gelben Rüben (du kannst auch Karotten verwenden) schälen und in Scheiben schneiden. Den Lauch fein hacken und dann beides in einer Pfanne in reichlich Butterschmalz glasig dünsten. Salz und Dill dazugeben.
- Wenn die Rüben bissfest gegart sind, den Honig dazugeben und diesen kurz karamellisieren lassen. Dann den Herd abdrehen. Den Deckel schließen, damit die Rüben warm bleiben.
- Zum Schluss den Dip anrühren. Dazu alle aufgelisteten Zutaten in einem Schälchen miteinander vermengen und mit Salz und Pfeffer abschmecken.
- Zum Anrichten die Rüben und die Laibchen auf Tellern verteilen und die Sauce über die Laibchen gießen oder separat servieren.

Bereite eine größere Menge vom Dip zu und verwende ihn für andere Gerichte. Er bleibt im Kühlschrank bis zu einer Woche frisch.

Haupt-
gerichte
OHNE
Fleisch

Hirsebällchen auf Joghurt-Sauerrahm-Dip

*Dieses Gericht wird dich bestimmt positiv überraschen.
Die unscheinbaren Hirsebällchen sorgen nämlich
für eine Geschmacksexplosion.*

Bällchen

200 g	Goldhirse
300 ml	Gemüsebrühe
100 ml	Sahne
1 TL	Salz
100 g	Parmesan, gerieben
etwas	Petersilie, gehackt
6 EL	Öl oder Butterschmalz

Dip

150 g	Joghurt
100 g	Sauerrahm
1	Knoblauchzehe, gepresst
1 TL	Salz

✝ Die Hirse mit heißem Wasser abwaschen und mit Gemüsebrühe, Sahne und Salz in einen Topf geben. Einmal aufkochen lassen und dann bei mittlerer Hitze 15 Minuten weichkochen.

✝ Drehe den Herd ab, hebe den geriebenen Parmesan sowie die gehackte Petersilie unter und verrühre alles gut. Kurz abkühlen lassen.

✝ Forme nun mit den Händen kleine Bällchen und lege diese auf ein Schneidbrett.

✝ Erhitze reichlich Öl oder Butterschmalz in einer großen Pfanne und brate die Bällchen darin von allen Seiten goldbraun.

✝ Währenddessen Joghurt, Sauerrahm, Knoblauch und Salz verrühren und auf zwei Schalen verteilen. Die fertigen Bällchen dann daraufsetzen und mit mehr Petersilie garnieren. Am besten sofort verspeisen!

Die Bällchen schmecken auch aufgewärmt oder kalt sehr gut. Bereite also am besten eine größere Menge zu.

Schnelle **Mais-Dinkel-Puffer**

In Amerika nennt man sie Corn Fritters und Kinder lieben sie. Diese gesunden Puffer sind aber eine leckere Hauptspeise oder Beilage für alle.

1	Maiskolben, frisch
60 g	Dinkelmehl
1	Ei
80 ml	Milch
1 TL	Backpulver
1 TL	Salz
etwas	Thymian
etwas	Schnittlauch
2 EL	Butter

✦ Den Mais vom frischen Maiskolben abschneiden. Alternativ kannst du auch bereits gekochten Mais aus der Dose oder dem Glas verwenden.

✦ Den Mais in eine Schüssel geben und mit Mehl, Ei, Milch, Backpulver, Salz, Thymian und Schnittlauch glattrühren.

✦ Reichlich Butter in einer Pfanne zerlassen, mit einem Löffel den Teig ausstechen und diesen in die Pfanne geben. Den Deckel schließen und die Puffer auf der ersten Seite für 4 bis 5 Minuten bei niedriger Hitze braten.

✦ Dann wenden, den Deckel schließen und erneut für ein paar Minuten goldbraun braten. Am besten direkt genießen.

AUFBEWAHRUNGS TIPP

Die Puffer lassen sich ebenso hervorragend für die nächsten Tage im Kühlschrank lagern. Vor dem Essen einfach kurz erwärmen oder kalt essen.

Blitz-Vollkornrisotto mit Maroni

Original italienisches Risotto braucht viel Zeit und Aufmerksamkeit. Meine Blitz-Version schmeckt genauso gut, dauert aber nur ein paar Minuten. Dazu passen nicht nur Maroni, sondern auch Gemüse der Saison, Fisch und Fleisch.

400 g	Vollkornreis
800 ml	Gemüsebrühe
2	Frühlingszwiebeln
4	Knoblauchzehen
2 EL	Butterschmalz
1 EL	Rosmarin, gehackt
1 TL	Kümmel, ganz
200 g	Maroni, gekocht & geschält
100 ml	Weißwein (-essig)
200 g	Parmesan, gerieben
50 g	Butter, weich
1 TL	Salz
etwas	Pfeffer

✦ Koche den Vollkornreis in einem Topf oder einem Reiskocher mit der doppelten Menge an Gemüsebrühe, bis er sehr weich ist (das kannst du auch schon 1 bis 2 Tage im Voraus machen).

✦ Währenddessen die Frühlingszwiebeln fein hacken, Knoblauch schälen und pressen.

✦ Sobald der Reis fertiggekocht ist, reichlich Butterschmalz in einem Topf oder einer Pfanne erhitzen.

✦ Zwiebeln, Knoblauch, Rosmarin und Kümmel darin anbraten. Die Maroni grob hacken und ebenfalls dazugeben.

✦ Nun auch den fertigen Reis unterheben und mit einem Schuss Weißwein oder Weißweinessig (falls Kinder mitessen) ablöschen.

✦ Den geriebenen Parmesan und die weiche Butter unterheben. Sobald der Käse geschmolzen ist, mit Salz und Pfeffer abschmecken und genießen.

Bereite eine größere Menge zu und lagere das restliche Risotto für bis zu 5 Tage im Kühlschrank. Es schmeckt auch aufgewärmt sehr gut.

Cremige Polenta
mit gerösteten Karotten

*Ein besonders günstiges und einfaches Rezept,
das sich als Hauptspeise und Beilage eignet.*

Karotten

6	mittelgroße Karotten
2 EL	Öl
1 TL	Salz

Polenta

400 ml	Gemüsebrühe
100 g	Polenta (Maisgrieß)
20 g	Parmesan
50 g	Butter
etwas	Salz & Pfeffer

+ Heize den Backofen auf 200 °C Ober- und Unterhitze vor.

+ Wasche die Karotten und halbiere sie der Länge nach. Platziere die Hälften in einer Auflaufform und mariniere sie mit reichlich Öl und etwas Salz. Backe die Karotten dann 25 Minuten, bis sie bissfest und goldbraun sind.

+ Währenddessen die Gemüsebrühe zum Kochen bringen und dann die Polenta nach und nach einrühren. Kurz aufkochen lassen und dann den Herd abdrehen.

+ Den Parmesan und die weiche Butter einrühren, salzen und pfeffern und bei geschlossenem Deckel die Polenta noch durchziehen lassen, bis die Karotten fertiggebacken sind.

+ Nun die Polenta auf zwei Schalen verteilen und die Karotten darauf anrichten. Zum Schluss das restliche Öl darüberträufeln.

MEAL-PREP TIPP

Bereite eine größere Menge der Karotten vor und lagere sie dann für bis zu fünf Tage im Kühlschrank. Verwende sie als Beilage zu einem anderen Gericht.

Goldene **Karotten-Buchweizen-Pfanne**

Diese goldene Karotten-Buchweizen-Pfanne wärmt von innen, stärkt das Immunsystem und schmeckt zudem so lecker.

100 g	Buchweizen
100 ml	Wasser
100 ml	Pflanzenmilch
1	Zwiebel
2	Knoblauchzehen
1 TL	Ingwer, fein gerieben
3	mittelgroße Karotten
1 Handvoll	Chinakohl
2 EL	Öl oder Butter
1 TL	Kurkuma, gemahlen
½ TL	Zimt
etwas	Salz & Pfeffer
2 EL	Petersilie oder Koriander, gehackt
4 EL	Walnüsse

✝ Den Buchweizen kalt abspülen und dann mit Wasser und Pflanzenmilch in einem Topf ca. 20 Minuten köcheln lassen, bis dieser weich ist.

✝ Zwiebeln und Knoblauch klein schneiden und den Ingwer reiben. Alle drei Zutaten dann zum Buchweizen in den Topf geben und mitkochen.

✝ Währenddessen die Karotten waschen und reiben. Etwas Chinakohl (3–4 EL) ebenfalls reiben.

✝ Reichlich Öl oder Butter in einer Pfanne erhitzen und die Kurkuma darin für 1 bis 2 Minuten rösten, bis sie zu duften beginnt. Dann Karotten und Chinakohl dazugeben und 3 bis 4 Minuten braten. Salzen und pfeffern.

✝ Sobald der Buchweizen weich ist, diesen ebenfalls in die Pfanne geben. Gut verrühren und dann die gehackten Kräuter unterheben.

✝ Die Walnüsse in einer separaten Pfanne ohne Fett rösten. Die Karotten-Buchweizen-Pfanne auf zwei Teller verteilen und mit den gerösteten Walnüssen garnieren. Warm, lauwarm oder kalt genießen.

Dieses Gericht lässt sich hervorragend für mehrere Tage im Kühlschrank lagern und auch einfrieren.

Dinkel-Erbsen-Quiche
mit Camembert

Diese Quiche ist so einfach gemacht und zudem so wandelbar. Fülle sie nach Lust und Laune mit dem Gemüse, das du gerade zu Hause hast.

Boden

120 g	Dinkel-Vollkornmehl
100 g	Dinkelmehl
100 g	Butter, kalt
1	Ei
1 TL	Salz

Füllung

1	Zwiebel
2	Knoblauchzehen
2 EL	Butter
1 TL	Kümmel, ganz
200 ml	Sahne
150 g	Erbsen, aufgetaut
1	Ei
etwas	Salz & Pfeffer
80 g	Camembert

✛ Vorab den Mürbteig für den Boden herstellen. Gib dazu das Mehl mit der in Stücke geschnittenen kalten Butter in eine Rührschüssel. Umrühren bzw. durchkneten und anschließend Ei und Salz hinzufügen.

✛ So lange mixen und kneten, bis ein homogener Teig entstanden ist, der sich zu einem Ball formen lässt. Diesen dann in Frischhaltefolie wickeln und im Kühlschrank für mindestens 30 Minuten kaltstellen.

✛ Währenddessen die Füllung vorbereiten. Dazu Zwiebeln und Knoblauch schälen und fein hacken. Beides in reichlich Butter, gemeinsam mit dem Kümmel, in einer Pfanne glasig dünsten.

✛ Mit der Sahne ablöschen und die Mischung dann in eine Schüssel umfüllen. Das Ei zügig einrühren sowie salzen und pfeffern.

✛ Heize den Backofen auf 180 °C Ober- und Unterhitze vor.

✛ Den Teig nun aus dem Kühlschrank holen, zwischen zwei Lagen Backpapier ca. 1 cm dünn ausrollen und ihn anschließend in eine eingefettete Quicheform geben und gut andrücken. Dabei den Rand der Form nicht vergessen.

✛ Die Erbsen nun auf dem Teig verteilen und die Sahne-Ei-Mischung darübergießen.

✛ Den Camembert in Würfel schneiden und gleichmäßig auf der Quiche verteilen. Backe die Quiche nun 35 Minuten, bis sie goldbraun ist, und serviere sie mit Salat und Dip.

Die Quiche lässt sich sehr gut im Kühlschrank lagern, einfach vor dem Essen erneut kurz in den Ofen geben.

Gebackenes **Ratatouille** aus dem Ofen

Diese Gemüsebombe kann als Hauptspeise oder aber auch als Beilage genossen werden und lässt sich hervorragend am Vortag vorbereiten.

Tomatensauce

1	Zwiebel
4	Knoblauchzehen
2 EL	Butter oder Öl
1 EL	Oregano, gehackt
1 EL	Tomatenmark
1 Dose	Tomaten, gewürfelt
1 TL	Paprikapulver
1 TL	Salz
etwas	Pfeffer

Optional

etwas	Chili

Ratatouille

1	kleine Zucchini
½	Melanzani (Aubergine)
3	Tomaten
1 TL	Salz
100 g	Mozzarella
1 TL	Tomaten- oder Chiliflocken
2 EL	Öl

- Heize den Backofen auf 200 °C Ober- und Unterhitze vor.
- Für die Tomatensauce Zwiebel und Knoblauch schälen und fein hacken. Anschließend beides mit dem Oregano in reichlich Kokosöl glasig dünsten.
- Rühre das Tomatenmark ein und lass es kurz mitbraten. Gib dann die gewürfelten Tomaten, Paprikapulver, Salz, Pfeffer und optional etwas Chili dazu. Lass die Tomatensauce für etwa 20 Minuten ohne Deckel köcheln, bis sie eindickt.
- Währenddessen das Gemüse für das Ratatouille waschen und in ca. 0,5 bis 1 cm dicke Scheiben schneiden.
- Die Melanzanischeiben auf einem Schneidbrett auslegen und gut salzen. Nach 15 Minuten abtupfen.
- Gieße die Hälfte der Tomatensauce nun in eine Auflaufform deiner Wahl. Lege die Form mit den Gemüsescheiben kreisförmig aus. Wechsle dabei immer zwischen Zucchini, Melanzani und Tomaten ab.
- Im Anschluss das Gemüse gut salzen. Die restliche Tomatensauce auf dem Gemüse verteilen und mit Mozzarella garnieren.
- Für die milde Version ein paar getrocknete Tomatenflocken darauf verteilen, für die scharfe Version kannst du Chiliflocken verwenden. Zum Schluss reichlich Öl über das Gemüse gießen.
- Backe das Ratatouille nun bei 200 °C Ober- und Unterhitze für 45 Minuten im Ofen.

MEAL-PREP TIPP

Bereite eine größere Menge zu und lagere den Rest dann im Kühlschrank. Das Ratatouille eignet sich sehr gut als Beilage.

Gesunde **Mac & Cheese**

*Ich habe den amerikanischen Klassiker mit etwas Karfiol „gestreckt"
und damit weniger schwer und gleichzeitig nährstoffreicher gemacht.
Dieses Gericht ist trotzdem besonders günstig und einfach zuzubereiten.*

Auflauf

400 g	Karfiol
1	Zwiebel
200 g	(Vollkorn-) Dinkelnudeln
1 TL	Salz
1 TL	Kümmel, ganz
100 g	Käse, gerieben

Guss

300 ml	Milch
200 ml	Sahne
300 g	Käse, gerieben (z. B. Bergkäse, Mozzarella, Parmesan)
½ TL	Muskatnuss, gerieben
1 TL	Salz

- ✢ Den Karfiol in kleine Röschen schneiden und die Zwiebel fein hacken.
- ✢ Währenddessen die Nudeln bissfest in Salzwasser garen, danach abgießen und gemeinsam mit dem Gemüse in eine Auflaufform geben. Salz und Kümmel darüberstreuen.
- ✢ Das Backrohr auf 180 °C Ober- und Unterhitze vorheizen.
- ✢ Für den Guss, Milch und Sahne in einem Topf erhitzen. Muskatnuss, Salz und Käse-Mischung deiner Wahl dazugeben und gut umrühren. Wenn der Käse geschmolzen ist, alles über die Gemüse-Nudel-Mischung gießen und vermengen.
- ✢ Zum Schluss noch einmal reichlich Käse auf dem Auflauf verteilen und diesen dann für 30 Minuten bei 180 °C Ober- und Unterhitze backen.

Kaufe ganzen Käse und reibe ihn selbst, denn geriebener Käse ist teuer.

Bereite die doppelte Menge zu und bewahre einen Teil im Kühlschrank und/oder Tiefkühler auf. Im Kühlschrank bleibt dieses Gericht für 4 bis 5 Tage frisch.

Kohlrabi-Kartoffel-Gratin

Dieses Gericht ist besonders günstig und einfach. Du kannst es als Hauptspeise oder als Beilage essen und auch sehr gut aufbewahren.

300 g	Kohlrabi
300 g	Kartoffeln
1 EL	Salbei, gehackt
1	Zwiebel
50 g	Butter
200 ml	Sahne
50 ml	Gemüsebrühe
1 TL	Salz
etwas	Muskatnuss
etwas	Kümmel
100 g	Käse, gerieben

✝ Kohlrabi und Kartoffeln schälen. Den Kohlrabi in 0,5 cm dicke Scheiben und die Kartoffel in hauchdünne Scheiben schneiden. Salbei und Zwiebel fein hacken.

✝ Die Butter in einer Pfanne zerlassen und die Zwiebeln darin glasig dünsten. Dann mit Sahne und Gemüsebrühe aufgießen. Salz, Muskatnuss und Kümmel untermischen.

✝ Heize den Backofen auf 220 °C Ober- und Unterhitze vor.

✝ Schichte die Kohlrabi- und Kartoffelscheiben nun in eine Auflaufform und gieße die Zwiebel-Sahne-Mischung darüber. Etwas geriebenen Käse deiner Wahl darauf verteilen und dann bei 220 °C Ober- und Unterhitze für 45 Minuten backen.

Bereite eine größere Menge zu und lagere den Rest für bis zu vier Tage im Kühlschrank. Das Gratin eignet sich hervorragend als Beilage.

Kürbis-Käsespätzle
mit Röstzwiebeln

Durch den Kürbis werden die Käsespätzle leichter, fluffiger und nährstoffreicher. Doch auch geschmacklich überzeugen sie.

Teig

250 g	gedünsteter Butternuss-Kürbis
60 ml	Vollmilch
2	Eier
ca. 200 g	Dinkelmehl
1 TL	Salz

Spätzle

100 g	Butter, weich
200 g	Bergkäse, gerieben
etwas	Salz & Pfeffer
etwas	Petersilie, gehackt

Zwiebeln

4	Zwiebeln
1 TL	Honig
2 EL	Butter

✦ Für den Spätzleteig vorab (kann auch am Vortag sein) den Kürbis schälen, würfeln und in einem Dampfgarer oder in Salzwasser weichdünsten. Danach pürieren und abkühlen lassen.

✦ Nun Milch, Eier, Dinkelmehl und Salz zum Kürbispüree geben und erneut pürieren, bis ein dickflüssiger Teig entsteht.

✦ Reichlich Salzwasser zum Kochen bringen und die Hitze reduzieren, sobald du beginnst, den Teig mit einem Spätzlehobel ins Wasser zu schaben. Sobald die Spätzle fertig sind, schwimmen sie an der Wasseroberfläche und du kannst sie abschöpfen.

✦ Wenn der gesamte Teig verarbeitet ist, alle Spätzle mit der weichen Butter und dem geriebenen Käse in einen Topf geben und so lange rühren, bis der Käse Fäden zieht. Mit Salz und Pfeffer abschmecken und den Deckel schließen.

✦ Zum Schluss die Zwiebeln in Ringe schneiden und in reichlich Butter glasig dünsten. Mit etwas Honig verfeinern, kurz weiterbraten und dann unter die Spätzle heben.

✦ Die Kürbis-Käsespätzle auf Tellern verteilen und mit reichlich gehackter Petersilie garnieren.

Bergkäse kann auch eingefroren werden und hält im Tiefkühlschrank ca. 2 bis 3 Monate.

Du kannst die fertig gegarten Spätzle auch mehrere Tage im Kühlschrank aufbewahren und erst später weiterverarbeiten. Bereite also eine größere Menge vor.

Linsen-Paprika-Ragout

Egal ob als Hauptspeise oder Beilage, dieses Ragout wärmt von innen und ist zudem so einfach und schnell gemacht.

200 g	rote Linsen
1	Karotte
300 g	Paprika, gelb & rot
1	Zwiebel
2 EL	Öl
1 TL	Oregano
2 EL	Tomatenmark
400 g	gehackte Tomaten aus der Dose
400 ml	Gemüsebrühe
1 TL	Paprikapulver
1–2 TL	Salz
100 ml	Sahne oder Kokosmilch
etwas	Pfeffer

✝ Die Linsen waschen und abtropfen lassen. Karotte und Paprika ebenfalls waschen und klein schneiden.

✝ Die Zwiebel schälen und fein hacken. Reichlich Öl in einem Topf erhitzen und die Zwiebeln mit dem Oregano darin für 2 bis 3 Minuten anbraten.

✝ Tomatenmark dazugeben und kurz rösten. Nun Linsen, Paprika und Karottenstücke hinzufügen, umrühren und mit den gehackten Tomaten und der Gemüsebrühe aufgießen.

✝ Das Ragout nun mit Paprikapulver und Salz würzen und bei niedriger Hitze für 20 Minuten köcheln lassen. Dabei immer wieder umrühren.

✝ Zum Schluss die Sahne bzw. Kokosmilch dazugeben und nochmals mit Salz und Pfeffer abschmecken.

AUFBEWAHRUNGS TIPP

Bereite mehr vom Ragout vor und entnimm das, was du lagern willst, bevor du die Sahne oder Kokosmilch hinzufügst. So kannst du es bis zu einer Woche im Kühlschrank lagern oder einfrieren.

Kürbis-Nudel-Auflauf
mit Basilikumpesto

25 Minuten   **4** Portionen

Dieser Nudelauflauf ist die perfekte Kombination aus verschiedenen Konsistenzen und Geschmacksrichtungen und zudem ein richtige Soulfood für kalte Tage.

100 g	Dinkel-Vollkornnudeln
500 g	Kürbis (Hokkaido oder Butternuss)
1	große Zwiebel
4	Knoblauchzehen
2 EL	Butter oder Öl
1 TL	Salz
1 Schuss	Weißwein (-essig)
2 EL	Basilikum, gehackt
5 EL	Mozzarella

Sauce

200 ml	Milch
200 g	Sauerrahm
4 EL	Parmesan
1 TL	Salz

Pesto

40 g	Basilikum
2	Knoblauchzehen
20 g	Kürbiskerne
120 ml	Öl
80 g	Parmesan
etwas	Salz & Pfeffer

✦ Heize den Backofen auf 180 °C Ober- und Unterhitze vor. Die Nudeln in reichlich Salzwasser fast bissfest garen (etwas kürzer als üblich).

✦ Den Kürbis in ca. 1 x 1 cm große Würfel schneiden. TIPP: Hokkaidokürbis muss nicht geschält werden, Butternusskürbis solltest du vorab schälen.

✦ Zwiebel und Knoblauch fein hacken und in reichlich Butter oder Öl glasig dünsten. Dann den Kürbis und Salz dazugeben, die Hitze erhöhen und alles gemeinsam scharf anbraten.

✦ Mit einem Schuss Weißwein oder Weißweinessig ablöschen und die Flüssigkeit verdampfen lassen. Nun die abgeseihten Nudeln und das gehackte Basilikum unterheben und die gesamte Masse in eine Auflaufform füllen.

✦ Für die Sauce alle genannten Zutaten in einen Mixer oder Messbecher geben und mixen. Anschließend über die Gemüse-Nudel-Masse gießen.

✦ Bedecke die Auflaufform mit Alufolie und gib sie in den Ofen. Alle Zutaten für das Pesto in einen Mixer geben und so lange mixen, bis eine cremige Masse entstanden ist.

✦ Nach 10 Minuten die Alufolie vom Auflauf nehmen, den Mozzarella großzügig darauf verteilen und für weitere 20 Minuten bei 180 °C Ober- und Unterhitze backen.

✦ Den Auflauf dann aus dem Ofen nehmen, das Pesto großzügig darauf verteilen und am besten einmal durchrühren, bevor du den Auflauf servierst.

Die Reste vom Auflauf kannst du sehr gut für bis zu fünf Tage im Kühlschrank lagern oder auch einfrieren.

Schnelle **Pfannen-Lasagne**

20 Minuten   **2** Portionen

Wer Lasagne liebt, aber nur wenig Zeit hat, sollte unbedingt diese Pfannen-Lasagne probieren, egal ob vegetarisch oder klassisch mit Hackfleisch.

1	kleine Zwiebel
2	Knoblauchzehen
2 EL	Butterschmalz oder Öl
1 TL	Oregano
100 g	Erbsen- oder Soja-Hack
1 EL	Paprikapulver
1 EL	Tomatenmark
300 g	gehackte Tomaten, Dose
100 ml	Gemüsebrühe
150 ml	Sahne
1 TL	Salz
4	Linsen-Lasagneblätter
150 g	Emmentaler, gerieben
100 g	Hüttenkäse
1–2 EL	Basilikum, gehackt
1–2 EL	Petersilie, gehackt

✝ Zwiebel und Knoblauch fein hacken. Reichlich Butterschmalz oder Sonnenblumenöl in einer großen beschichteten Pfanne (oder einem beschichteten Topf) erhitzen, Oregano hineingeben und kurz rösten, bis er duftet.

✝ Zwiebeln, Knoblauch und Erbsen- oder Soja-Hack dazugeben und glasig dünsten, dann Paprikapulver und Tomatenmark einrühren und kurz mitrösten. Nun gieße die Bolognese mit den Tomaten aus der Dose, der Gemüsebrühe und der Sahne auf und rühre erneut gut um.

✝ Die Hitze auf mittlere Stufe einstellen. Nun die Lasagneblätter halbieren oder vierteln, dann auf der Sauce verteilen und so weit hineindrücken, dass du sie nicht mehr siehst.

✝ Jetzt den geriebenen Käse darauf verteilen und den Deckel schließen. Die Pfannen-Lasagne bei mittlerer Hitze für ca. 15 Minuten (je nach Packungsanleitung der Lasagneblätter) garen – dabei nicht mehr umrühren.

✝ 5 Minuten vor Schluss den Hüttenkäse auf der Lasagne verteilen und den Deckel wieder schließen.

✝ Basilikum und Petersilie (oder andere Kräuter deiner Wahl) fein hacken und die Lasagne damit garnieren. Verteile diese auf 2 Teller und genieße sie zum Beispiel mit einem grünen Salat.

Bereite die doppelte Menge der Lasagne zu und lagere sie für bis zu fünf Tage im Kühlschrank oder friere sie (ohne Hüttenkäse) ein.

Schnelle **Zucchini-Pancakes**

Auf den ersten Blick meint man vielleicht, dass es sich bei diesem Rezept um ein Frühstück handelt. Die schnellen Zucchini-Pancakes können aber genauso als Hauptspeise oder Beilage gegessen werden.

300 g	Zucchini, gerieben & ausgepresst
1	Frühlingszwiebel
1	Knoblauchzehe
50 g	Haferflocken, Feinblatt
60 g	Parmesan, gerieben
3	Eier
1 TL	Salz
etwas	Pfeffer
2 TL	Paprikapulver
2 TL	Thymian
2 EL	Butterschmalz

+ Zucchini waschen und fein reiben. In einem Küchentuch ausdrücken und in eine Schüssel geben. Die ausgepressten Zucchiniraspeln sollten nun 300 g wiegen.

+ Frühlingszwiebel und Knoblauch fein hacken und gemeinsam mit den feinen Haferflocken, dem geriebenen Parmesan, den Eiern sowie den Gewürzen zu den Zucchini geben. Alles gut vermengen.

+ Reichlich Butterschmalz oder Öl in einer Pfanne erhitzen und den Teig mit einem Löffel in die Pfanne portionieren. Etwas andrücken, damit die Teiglinge flach und rund wie ein Pancake werden.

+ Jetzt 3 bis 4 Minuten pro Seite braten und dann direkt noch warm genießen.

Die Pancakes lassen sich sehr gut für mehrere Tage im Kühlschrank lagern. Zum Erwärmen einfach erneut kurz in der Pfanne braten.

Veganer **Ofengemüse-Hülsenfrüchte-Salat**

Dieser lauwarme Salat ist nicht nur besonders einfach in der Herstellung, sondern auch ein tolles Gericht für unterwegs.

Ofengemüse

400 g	Süßkartoffeln (ca. 1 Stück)
300 g	Karfiol
250 g	Kichererbsen, gekocht (1 Dose)
3–4 EL	Öl
1 TL	Salz
1 EL	Paprikapulver
250 g	Käferbohnen, gekocht (1 Dose)

Dressing

2 EL	Apfelessig
2 EL	Kürbiskernöl
etwas	Salz
etwas	Pfeffer

✝ Den Backofen auf 220 °C Ober- und Unterhitze vorheizen.

✝ Süßkartoffel schälen und in ca. 1 x 1 cm große Würfel schneiden. Den Karfiol in kleine Röschen teilen und die Kichererbsen aus der Dose nehmen und abtropfen lassen.

✝ Das alles nun auf ein Backblech geben, Öl, Salz und Paprikapulver darüberstreuen und gut vermengen, anschließend gleichmäßig auf dem Blech verteilen und für ca. 20 Minuten bei 220 °C backen.

✝ Gib nun das Gemüse und die Kichererbsen in eine Schüssel und füge auch die gekochten Käferbohnen hinzu.

✝ Für das Dressing alle genannten Zutaten in einem Schälchen verrühren und über den Salat geben.

✝ Optional mit ein paar gehackten Kürbiskernen garnieren und warm, lauwarm oder kalt genießen.

Kaufe immer Gemüse, das gerade Saison hat. Dieses Gericht gelingt auch mit allen anderen Gemüsesorten.

Bereite mehr vom Ofengemüse vor und verwende es an einem anderen Tag als Beilage.

Rote-Bete-Spätzle
mit Frischkäse und Walnüssen

Mit diesem Rezept kannst du Spätzle ganz neu erleben.

Teig

180 g	Rote Bete, gekocht & geschält
70 ml	Wasser
170 g	Dinkelmehl
1	Ei
1 TL	Salz
50 g	Butter, weich & gewürfelt
3–4 EL	(Ziegen-) Frischkäse
2–3 EL	Walnüsse, grob gehackt
etwas	Salz & Pfeffer

✝ Für den Spätzleteig die gekochte und geschälte Rote Bete klein schneiden und in einer Schüssel mit 70 ml Wasser fein pürieren.

✝ Dinkelmehl, Ei und Salz dazugeben und erneut pürieren, bis ein dickflüssiger Teig entstanden ist.

✝ Erhitze reichlich Salzwasser in einem Topf. Sobald das Wasser zu kochen beginnt, die Hitze wieder reduzieren. Nun mit einem Spätzlehobel die Spätzle herstellen.

✝ Die Spätzle sind fertig, sobald sie im Wasser oben schwimmen. Schöpfe sie ab und lasse sie in einem Sieb gründlich abtropfen.

✝ Gemeinsam mit den Butterstücken werden die Spätzle nun in eine Schüssel gegeben und so lange durchgemischt, bis die Butter geschmolzen ist.

✝ Die Spätzle auf zwei Teller verteilen und mit Frischkäse (von der Kuh oder Ziege) sowie gehackten Walnüssen anrichten. Zum Schluss noch mit Salz und Pfeffer abschmecken und genießen.

Wintersalat-Bowl
mit Süßkartoffeln und Äpfeln

Dieser Wintersalat sorgt für den Extra-Nährstoff-Boost im Winter und schmeckt zudem unglaublich lecker.

Salat

200 g	Vogerlsalat
1	Apfel
3–4 EL	Erdnüsse

Gegarte Süßkartoffeln

500 g	Süßkartoffeln
2 EL	Öl
1 TL	Salz
1 EL	Paprikapulver
1 TL	Kurkuma

Quinoa

60 g	Quinoa
120 ml	Gemüsebrühe
1 TL	Salz
1	Zwiebel

Dressing

2 EL	Zitronensaft
4 EL	Öl
1 TL	Senf
½ TL	Kurkuma
etwas	Salz & Pfeffer

✝ Heize den Backofen auf 200 °C Ober- und Unterhitze vor.

✝ Schäle die Süßkartoffeln und schneide sie in ca. 0,5 x 0,5 cm große Würfel. Mariniere sie mit reichlich Öl, Salz, Paprikapulver und Kurkuma und verteile sie auf einem Blech.

✝ Backe die Süßkartoffelwürfel für ca. 20 bis 25 Minuten, bis sie goldbraun und weich sind.

✝ Währenddessen die Quinoa waschen und samt Gemüsebrühe, Salz und fein gehackter Zwiebel in einen Topf geben. Für ca. 20 Minuten köcheln, bis die Quinoa weich und die gesamte Flüssigkeit aufgesogen ist.

✝ Während die Quinoa kocht, den Vogerlsalat waschen und trocknen. Den Apfel waschen und in Würfel schneiden.

✝ Für das Dressing alle genannten Zutaten in ein Einmachglas geben, zuschrauben und gut schütteln.

✝ Gib nun die gekochte Quinoa, die gegarten Süßkartoffelwürfel, den Vogerlsalat und die Apfelwürfel in eine große Schüssel und rühre alles gut durch. Das Dressing darüber verteilen und erneut gut vermengen.

✝ Verteile den Salat nun auf zwei Schüsseln, garniere ihn mit reichlich Erdnüssen und genieße die Bowl lauwarm oder kalt.

Bereite mehr von den einzelnen Komponenten zu und kombiniere diese an einem der nächsten Tage anders.

Dinkel-Flammkuchen
mit Champignons & Mais

Einen Flammkuchenteig selbst zu machen, ist eines der einfachsten Dinge, die es gibt. Belegen kannst du ihn dann immer nach Lust und Laune. Orientiere dich einfach an dem, was der Kühlschrank so hergibt.

Teig
200 g	Vollkorn-Dinkelmehl
1 TL	Salz
20 ml	Sonnenblumenöl
80–100 ml	Wasser, kalt

Guss
100 g	Sauerrahm
1	Ei
1 EL	Kräuter, gehackt
2	Knoblauchzehen, gepresst

Belag
3–4	Champignons
100 g	Mais
100 g	Käse, gerieben
etwas	Salz

+ Für den Flammkuchenteig alle genannten Zutaten in eine Rührschüssel geben und darin mit einem Knethaken oder per Hand zu einem geschmeidigen Teig verarbeiten. Diesen anschließend zugedeckt für 1 Stunde bei Zimmertemperatur rasten lassen.

+ Heize dann das Backrohr auf 200 °C Heißluft vor.

+ Für den Guss alle genannten Zutaten in einer Schüssel verrühren. Rolle den Teig so dünn wie möglich aus und verteile den Guss auf dem Flammkuchen.

+ Nun die Champignons in Scheiben schneiden und auf dem Guss verteilen. Den Mais (entweder frisch oder aus der Dose/aus dem Glas) ebenfalls darauflegen.

+ Zum Schluss etwas salzen und Käse nach Belieben darüberstreuen. Backe den Flammkuchen nun für 20 Minuten bei 200 °C Heißluft. Anschließend am besten frisch genießen!

MEAL-PREP TIPP

Du kannst den Teig auch ein bis zwei Tage im Voraus herstellen und dann roh in einer luftdicht verschlossenen Dose im Kühlschrank lagern.

Spaghetti mit gerösteter
Tomaten-Frischkäse-Sauce

Wenn du erst einmal diese geniale Sauce probiert hast, wirst du wohl keine andere mehr zu deinen Nudeln machen wollen.

250 g	Dinkel-Vollkornspaghetti
2 EL	Olivenöl
Sauce	
1 kg	Tomaten
1	Knoblauchknolle
200 g	Frischkäse
2 EL	Olivenöl
1 TL	Salz
etwas	Oregano
etwas	Pfeffer

✚ Heize den Backofen auf 180 °C Heißluft vor.

✚ Für die Sauce die Tomaten, die ganze Knoblauchknolle (ungeschält) und den Frischkäse in eine Auflaufform geben, mit Olivenöl und Salz marinieren und bei 180 °C Heißluft für 25 Minuten backen.

✚ Nun den Knoblauch aus der Knolle pressen und alles zusammen in ein Gefäß geben. Fein pürieren und dann mit Oregano, Salz und Pfeffer abschmecken.

✚ Die Spaghetti nach Packungsanleitung in Salzwasser kochen und abseihen. Die Nudeln dann direkt zurück in den Topf geben und etwas Olivenöl darübergießen.

✚ Nun auch die Sauce dazugeben, gut unterheben und noch einmal kurz erwärmen.

Bereite mehr von der Sauce zu und nutze sie an einem anderen Tag als Dip oder Sauce zu Reis, Quinoa oder Ähnlichem.

Würzige **Kartoffel-Wedges** mit Knoblauchsauce

Diese Kartoffel-Wedges sind nicht nur supereinfach zu machen, sondern auch vielseitig einsetzbar: entweder als Hauptspeise mit einer leckeren Knoblauchsauce oder als Beilage zu Gegrilltem oder Gebratenem.

Wedges

800 g	Kartoffeln, festkochend
3 EL	Öl
2 EL	Paprikapulver
1 TL	Salz

Sauce

250 g	Sauerrahm
4	Knoblauchzehen, gepresst
1 EL	Mayonnaise, 80 % Fett
2 EL	gehackte Kräuter (z. B. Schnittlauch oder Petersilie)
1 TL	Senf
etwas	Salz & Pfeffer

✦ Die Kartoffeln samt Schale gut waschen und dann, je nach Größe, längs vierteln oder sechsteln. Alle Spalten sollten in etwa gleich groß sein.

✦ Heize das Backrohr auf 200 ° Heißluft vor. Die Wedges in eine Schüssel geben und mit Öl, Paprikapulver und Salz marinieren.

✦ Verteile die marinierten Wedges nun gleichmäßig auf einem Backblech.

✦ Backe die Wedges für 25 bis 30 Minuten bei 200 °C Heißluft, bis sie goldbraun und außen schön knusprig sind.

✦ Währenddessen für die Sauce alle genannten Zutaten verrühren. Die fertig gebackenen Wedges auf Tellern verteilen und mit reichlich Sauce servieren.

Die Kartoffeln am besten roh, jedoch bereits mariniert lagern und frisch backen.

Bereite mehr von der Sauce zu und verwende sie später für andere Gerichte.

Gebackener Karfiol
mit Kräuterdip

Der gebackene Karfiol ist ein Klassiker in der levantinischen Küche und lebt von den vielen schmackhaften Gewürzen. So hast du Karfiol wohl noch nie gegessen.

Gebackener Karfiol

1 Kopf	Karfiol (= Blumenkohl)
3	Knoblauchzehen
1	Zwiebel
150 g	Cherrytomaten
50 ml	Öl
½	Bio-Zitrone, Saft & Abrieb
2 TL	Kreuzkümmel, gemahlen
1 TL	Zimt, gemahlen
1 TL	Kurkuma, gemahlen

Optional

etwas	Chili

Kräuterdip

250 g	Sauerrahm
2	Knoblauchzehen, gepresst
2 EL	Kräuter deiner Wahl, gehackt
1 TL	Salz
1 TL	Kreuzkümmel, gemahlen
etwas	Pfeffer

✝ Heize den Backofen auf 180 °C Ober- und Unterhitze vor.

✝ Wasche den Karfiol und entferne nur die äußersten Blätter. Den Strunk und kleine Blätter auf jeden Fall dranlassen.

✝ Koche den Karfiol in reichlich Salzwasser oder gare ihn im Dampfgarer oder Schnellkochtopf, bis er bissfest ist. Abtropfen lassen und dann in eine Auflaufform geben.

✝ Zwiebeln, Knoblauch und Tomaten grob schneiden und um den Karfiol verteilen. Alles mit reichlich Öl marinieren. Eine halbe Zitrone über dem Karfiol abreiben und dann auch ausdrücken.

✝ Zum Schluss alle gemahlenen Gewürze in einer Schale vermengen und gleichmäßig auf dem Karfiol verteilen. Backe den Karfiol nun bei 180 °C für ca. 45 Minuten, bis er ganz weich und goldbraun ist.

✝ Währenddessen den Dip vorbereiten. Dazu Sauerrahm mit dem zerkleinerten Knoblauch, gehackten Kräutern, Kreuzkümmel, Salz und Pfeffer verrühren und in den Kühlschrank stellen, bis auch der Karfiol fertig gebacken ist.

Sowohl der fertig gebackene Karfiol als auch der Dip lassen sich für bis zu fünf Tage im Kühlschrank lagern und anderweitig kombinieren.

Nudelsalat im Glas mit Paprika-Marillen-Pesto

25 Minuten

2 Portionen

So hast du einen Nudelsalat bestimmt noch nicht gegessen. Das Paprika-Marillen-Pesto sorgt für ein besonderes Geschmackserlebnis.

Pesto
2	gelbe Paprika
1	Marille
1 TL	Salz
6 EL	Öl (davon 2–3 EL zum Marinieren)
1 TL	Apfelessig
1 TL	Kurkuma

Nudeln
100 g	Dinkel-Vollkornnudeln
2 EL	Salz

Zum Schichten
½	Gurke
2 Handvoll	Rucola

✦ Vorab die Paprika und Marille waschen, halbieren und mit 2 bis 3 EL Öl und Salz marinieren. Im Ofen bei 200 °C Ober- und Unterhitze oder auf dem Grill auf direkter Hitze für 10 Minuten rösten. Im Backrohr sollte die Hautseite oben liegen, auf dem Grill unten.

✦ Während Paprika und Marille im Ofen rösten, kannst du die Nudeln in reichlich Salzwasser kochen. Danach in einem Sieb abseihen und mit kaltem Wasser abschrecken.

✦ Sobald die Haut der Paprika ausreichend geröstet ist, kannst du sie abziehen und die Paprika selbst in grobe Stücke schneiden.

✦ Paprika, Marillenhälften und das restliche Öl in einen Mixer geben und so lange mixen, bis ein Mus entstanden ist. Dann auch die restlichen Zutaten dazugeben und erneut mixen.

✦ Zum Schluss eine halbe Gurke mit einem Spiralschneider zu Nudeln spitzen und den Rucola waschen.

✦ Schichte nun dein Glas: Beginne mit etwas Pesto, gefolgt von den Gurken-Nudeln und dann den Vollkornnudeln. Übergieße alles noch mit etwas Öl und drapiere etwas Rucola und eventuell auch ein paar gehackte Nüsse darauf.

✦ Deckel schließen, kühl stellen und dann für unterwegs oder das Büro einpacken. Dieser Salat kann mehrere Stunden ungekühlt gelagert werden, bevor du ihn isst, da er vegan ist.

Bereite eine größere Menge vom Pesto zu und verwende es an einem der nächsten Tage zum Beispiel als Sauce für Nudeln oder zu einem Getreide wie Reis.

Spargel-Nudel-Pfanne mit Sauce Hollandaise & Erdbeeren

Dieses Gericht zeigt, dass auch ein Nudelgericht etwas Besonderes sein kann.

Nudel-Pfanne

100 g	Erdbeeren
250 g	Spargel
1	kleine Zwiebel
2	Knoblauchzehen
100 g	Dinkel-Vollkornnudeln
1 TL	Salz
1 Schuss	Weißwein (-essig)
1 EL	Butter

Sauce Hollandaise

120 g	Butter
1 EL	Honig
2	Eigelb
2 EL	Weißwein (-essig)
1 TL	Salz
etwas	Pfeffer

✚ Wasche Erdbeeren und Spargel und schneide beides in der gewünschten Größe auf. Zwiebel und Knoblauch fein hacken.

✚ Für die Sauce Hollandaise die Butter mit dem Honig in der Mikrowelle oder in einem Topf schmelzen und anschließend etwas abkühlen lassen.

✚ Nun reichlich Salzwasser in einem Topf erhitzen und die Vollkornnudeln darin für 4 bis 5 Minuten kochen. Danach abseihen und kalt abschrecken.

✚ Währenddessen in einem weiteren, kleinen Topf etwas Wasser erhitzen, um die Sauce Hollandaise herzustellen (das Wasser sollte heiß werden, aber nicht kochen). Die Eier trennen und das Eigelb samt Weißwein(-essig) in eine Edelstahlschüssel geben.

✚ Die Schüssel auf das Wasserbad setzen und mit einem Handmixer oder einem Schneebesen ständig rühren, damit das Ei nicht stockt, sondern cremig wird.

✚ Die Butter-Honig-Mischung nach und nach dazugeben, während du weiterrührst. Die Herdplatte abschalten, salzen und pfeffern und gut durchmixen. Die Schüssel auf dem Wasserbad stehen lassen und immer wieder umrühren.

✚ Reichlich Butter in einer großen Pfanne bei mittlerer Hitze zerlassen. Zwiebeln, Knoblauch und Spargel darin glasig dünsten, salzen und dann mit einem Schuss Weißwein oder Weißweinessig ablöschen.

✚ Nun auch die Erdbeeren und die gekochten Nudeln dazugeben und alles gut vermengen. Nach 2 bis 3 Minuten die Spargel-Nudel-Pfanne auf zwei Teller verteilen und mit reichlich Sauce Hollandaise garnieren.

AUFBEWAHRUNGS TIPP

Lagere die Nudel-Pfanne und die Sauce separat im Kühlschrank und verbrauche Letztere im Laufe der folgenden zwei Tage.

Bunte Fajitas mit Käsesauce

So bunt hast du Fajitas wohl noch nie gegessen. Die Gemüsefüllung schmeckt nicht nur herrlich, sondern strotzt auch nur so vor Nährstoffen. Die cremige Käsesauce rundet dieses Gericht perfekt ab.

4	Mais-Tortillas

Füllung

1	rote Paprika
1	Zucchini
1	grüne Paprika
1	Zwiebel
4 EL	Öl
1 EL	Paprikapulver, geräuchert
1 EL	Zitronensaft

Optional

½ TL	Chili, gehackt
1 TL	Salz
ein paar	Cherrytomaten

Käsesauce

3 EL	Butter
3 EL	Parmesan
2 EL	Wasser
1 TL	Salz
½ TL	Senf

✝ Für die Füllung das ganze Gemüse (bis auf die Cherrytomaten) waschen und in Streifen schneiden. Diese dann in einer Schüssel mit Öl, Paprikapulver, Zitronensaft, Chili und Salz marinieren und etwa eine halbe Stunde durchziehen lassen.

✝ Währenddessen die Käsesauce herstellen. Dazu die Butter in einem Topf schmelzen und Wasser und den Parmesan mit einem Schneebesen einrühren. Bei mittlerer Hitze und ständigem Rühren Salz und Senf untermengen. Wenn sich alles gut vermischt hat, kannst du den Herd ausschalten.

✝ Nun das Gemüse in einer Pfanne für einige Minuten bissfest anbraten. Die Tortillas, wenn gewünscht, auch kurz in einer Pfanne erwärmen. Dann mit dem Gemüse befüllen, reichlich Käsesauce darübergeben und servieren.

Paprika aus heimischem Anbau findet man bei uns vor allem im August und September. Zu dieser Zeit ist er auch besonders günstig.

Schnelle **Karotten-Gnocchi** mit Salbei-Nussbutter

So einfach, aber doch so gut. Diese schnellen Karotten-Gnocchi brauchen nur reichlich Butter, um zu überzeugen.

Gnocchi

300 g	Kartoffeln, gekocht
100 g	Karotten, gekocht
1	Ei
50 g	Maisgrieß
60 g	Dinkel-Vollkornmehl
1 TL	Salz
etwas	Dinkel-Vollkornmehl zum Ausrollen

Salbei-Nussbutter

100 g	Butter
1	Zwiebel
2	Knoblauchzehen
2 EL	Salbei, frisch oder getrocknet
etwas	Salz & Pfeffer

✚ Wasche die Kartoffeln und Karotten und koche sie in Salzwasser oder einem Dampfgarer, bis sie sehr weich sind. Drücke sie durch eine Kartoffelpresse.

✚ Ei, Maisgrieß, Dinkel-Vollkornmehl und Salz dazugeben und kräftig verrühren. Den Teig auf eine bemehlte Arbeitsfläche stürzen und so lange kneten, bis er sich in eine längliche Form bringen lässt.

✚ Die längliche Rolle dann in kleine Stücke schneiden und Gnocchi daraus formen. Diese entweder 2 Minuten im Dampfgarer oder in wallendem Salzwasser garen, bis sie oben schwimmen.

✚ Währenddessen die Butter samt Salbei und fein gehackter Zwiebel sowie gepresstem Knoblauch in einer großen Pfanne bei mittlerer Hitze für mindestens 10 Minuten dünsten.

✚ Gib die fertig gegarten Gnocchi anschließend in die Salbei-Nussbutter und vermenge sie gut. Mit Salz und Pfeffer abschmecken und servieren.

Die Gnocchi bereits gekocht im Kühlschrank lagern oder in roher Form einfrieren.

Shakshuka

Shakshuka ist ein bekanntes Frühstücksgericht der levantinischen Küche. Ich finde, es eignet sich sogar noch besser als vollwertige Hauptspeise zu Mittag oder am Abend.

1	kleine Zwiebel
1	rote Paprika
1 EL	Butterschmalz
1–2 TL	Salz
1 TL	Tomatenmark
1 EL	Paprikapulver
2	große Tomaten
3	Knoblauchzehen
2	Eier

Optional

etwas	Feta oder Mozzarella
1 EL	Petersilie, gehackt

✝ Heize den Backofen auf 200 °C Ober- und Unterhitze vor.

✝ Zwiebel und Paprika fein würfeln und in reichlich Butterschmalz mit Salz für 3 bis 4 Minuten dünsten, bis die Zwiebeln glasig sind. Verwende dabei unbedingt eine ofenfeste Pfanne.

✝ Tomatenmark und Paprikapulver dazugeben und ganz kurz mitbraten.

✝ Währenddessen die Tomaten und Knoblauchzehen fein hacken und ebenfalls in die Pfanne geben. Gut umrühren und so lange braten, bis die meiste Flüssigkeit verdampft ist.

✝ Mit einem Kochlöffel zwei Mulden im Shakshuka bilden und je 1 Ei hineinschlagen. Für den besonderen Geschmack etwas Feta oder Mozzarella auf dem Gemüse und den Eiern verteilen.

✝ Gib die Pfanne nun in den Ofen und backe das Shakshuka für ca. 4 bis 5 Minuten, bis das Eiweiß gestockt ist.

✝ Aus dem Ofen nehmen, mit frischer Petersilie garnieren und genießen.

Bereite mehr vom Gemüse (ohne Ei) vor und verwende es an einem anderen Tag als Beilage, zum Beispiel zu Fisch oder Fleisch.

Fleischloser Braten
mit Fisolen und Bratensauce

25 Minuten   **4** Portionen

Braten

3 EL	Chia-Samen
10 EL	heißes Wasser
1	große Zwiebel
4	Knoblauchzehen
200 g	Sellerie
3 EL	Öl oder Butter
1 EL	Rosmarin, fein gehackt
1 EL	Tomatenmark
1 EL	Paprikapulver
1 TL	Kümmel, ganz
1 EL	Gemüsebrühe-Paste (Seite 166)
1 EL	Salz
etwas	Pfeffer
250 g	weiße Bohnen*
250 g	Kidneybohnen*
etwas	Rotwein(-essig)
100 g	Sonnenblumenkerne

Bratensauce

50 g	Butter
100 g	Sellerie
1	kleine Zwiebel
3	Knoblauchzehen
100 ml	Gemüsebrühe
etwas	Salz & Pfeffer
50 ml	Sahne

Krautsalat

400 g	Weißkraut
1 TL	Salz
etwas	Kümmel
3 EL	Apfelessig
2 EL	Öl

*Abtropfgewicht

✛ Für den fleischlosen Braten verwende ich statt Eiern eine Mischung aus Chia-Samen (oder Leinsamen) und Wasser, also Chia-Eier. Dazu die Chia-Samen mit kochendem Wasser übergießen, gut umrühren und für ein paar Minuten durchziehen lassen.

✛ Währenddessen Sellerie, Zwiebeln und Knoblauch schälen, grob hacken und in reichlich Butter oder Öl glasig dünsten.

✛ Rosmarin, Tomatenmark, Paprikapulver, Kümmel, Gemüsebrühe-Paste, Salz und Pfeffer in die Pfanne geben und kurz mitbraten. Dann die Bohnen unterheben und mit einem Schuss Rotwein oder Rotweinessig ablösen.

✛ Fülle die gesamte Masse nun in einen Mixer und zerkleinere diese so lange, bis sie eine cremige Konsistenz hat. Wenn nötig noch etwas Öl dazugeben.

✛ Heize währenddessen den Backofen auf 180 °C Ober- und Unterhitze vor und fette eine Kastenform (die du für Brot verwendest) ein. Fülle die cremige Masse dann in die Kastenform und backe den Braten für 35 Minuten bei dieser Temperatur.

✛ Während der Braten im Ofen ist, für den Krautsalat das Weißkraut fein schneiden und dann mit Kümmel, Essig und Öl in einer Schüssel kräftig kneten.

✛ Für die Bratensauce reichlich Butter in der Pfanne, die du für die Bratenmasse verwendet hast (ohne sie auszuwaschen), zerlassen. Sehr klein geschnittenen Sellerie sowie grob gehackten Knoblauch und Zwiebeln darin bei mittlerer Hitze goldbraun braten.

✛ Nach 7 bis 8 Minuten mit Gemüsebrühe ablösen und noch einmal ein paar Minuten köcheln lassen. Nach Bedarf salzen und pfeffern und dann in einen Messbecher füllen. Mit einem Pürierstab zu einer cremigen Sauce verarbeiten. Wenn nötig, in einem Topf warmhalten.

✛ Sobald der Braten fertig gebacken ist, kannst du ihn aus der Form stürzen, anschneiden und mit reichlich Sauce und Krautsalat auf Tellern anrichten.

Der Braten lässt sich hervorragend für bis zu fünf Tage im Kühlschrank lagern oder auch einfrieren.

Schnelle **Pfannen-Frittata** mit Brokkoli

Wenn es besonders schnell gehen muss und der Kühlschrank fast leer ist, geht eines immer: Frittata. Du kannst für dieses Rezept jede Art von Gemüse verwenden, das du noch im Kühlschrank findest.

4	Eier
80 ml	Sahne
1 TL	Salz
1 TL	Thymian
1 TL	Kümmel
1 EL	Butter
200 g	gedünsteter Brokkoli
50 g	Schinken oder Speck
70 g	Bergkäse, gerieben
1 Handvoll	Rucola

✠ Eier in eine Schüssel schlagen, Sahne, Salz, Thymian und Kümmel hinzufügen und mit einem Schneebesen kräftig umrühren.

✠ Reichlich Butter in einer beschichteten Pfanne bei mittlerer Hitze zerlassen und die Eiermischung dazugeben.

✠ Gedünsteten Brokkoli (oder ein anderes Gemüse deiner Wahl), gehackten Schinken und geriebenen Käse auf der Eiermischung verteilen und den Deckel schließen.

✠ Die Frittata bei niedriger Hitze nun so lange braten, bis das Ei gestockt ist. Mit etwas Rucola garnieren und genießen.

SPAR TIPP

Verwende statt Brokkoli einfach Gemüse, das du noch im Kühlschrank hast und verwerten möchtest.

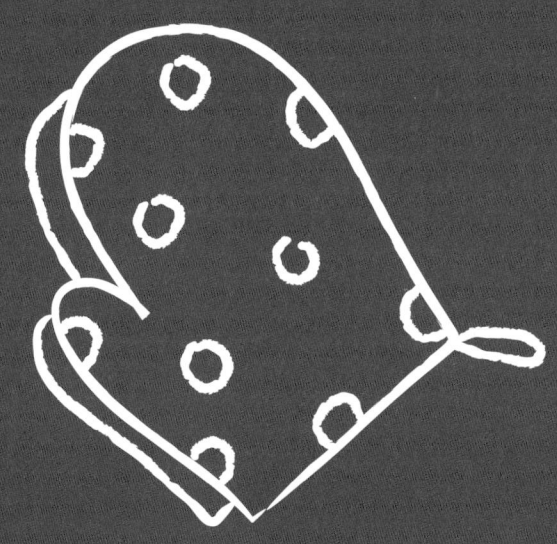

Snacks & Süßes

Frozen-Joghurt-Riegel
mit Beeren

Die perfekte Erfrischung an einem heißen Sommertag, und das ganz ohne schlechtes Gewissen.

400 g	Naturjoghurt griechischer Art, 10 % Fett
100 ml	Sahne
1–2 EL	Honig
100 g	Beeren deiner Wahl, frisch oder TK

✳ Joghurt, Sahne und optional etwas Honig zu einer glatten Masse verrühren.

✳ Eine Frischhaltedose oder eine kleine Auflaufform mit einer Lage Back-papier auslegen. Zuerst die Masse und dann großzügig Beeren deiner Wahl darauf verteilen. Ich habe Tiefkühlbeeren verwendet, du kannst aber natürlich auch frische verwenden, wenn diese gerade Saison haben.

✳ Gib den Behälter nun in den Tiefkühler und lasse die Masse für mindestens 4 Stunden gefrieren. Danach rausnehmen, kurz antauen lassen und in kleine Stücke brechen. Diesen gesunden Snack kann man dann mit den Händen oder einer kleinen Gabel vernaschen.

Zuckerfreier **Kürbis-Reis-Auflauf**

*Du kennst den Reis-Auflauf vielleicht noch
aus deiner Kindheit, bestimmt aber nicht mit Kürbis.
Der macht den Auflauf besonders saftig.*

Auflauf

300 g	(in Milch) gekochter Vollkornreis
400 g	Kürbis, gewürfelt
3	Eier
70 g	Butter, weich
2 EL	Honig
100 g	Speisetopfen
etwas	Zimt

Topping

etwas	Naturjoghurt
etwas	Honig

✝ Den Vollkornreis nach Packungsanleitung vorab in Vollmilch oder Hafermilch (wie Milchreis) weichkochen. Dann den Backofen auf 200 °C Ober- und Unterhitze vorheizen.

✝ Den Kürbis waschen (wenn nötig schälen) und in kleine Würfel schneiden. Die Eier trennen und das Eiweiß steif schlagen.

✝ Die weiche Butter, den Honig und den Zimt zum Eigelb geben und alles cremig mixen. Dann den Topfen dazugeben und erneut gut durchmischen.

✝ Im nächsten Schritt die Kürbiswürfel und den gekochten Reis einrühren (nicht mehr mixen).

✝ Hebe zum Schluss vorsichtig das Eiweiß unter und fülle die Masse dann in eine gut eingefettete Auflaufform.

✝ Backe den zuckerfreien Reisauflauf für 40 Minuten bei 200 °C Ober- und Unterhitze. Mit Honig garnieren und den Auflauf mit Joghurt genießen.

AUFBEWAHRUNGS TIPP

Die Reste vom Auflauf (ohne Topping) kannst du für bis zu fünf Tage im Kühlschrank lagern oder auch einfrieren.

Scheiterhaufen mit Birnen

Die perfekte Resteverwertung von Brot und Obst und zudem Soulfood für die ganze Familie.

400 g	altbackenes Gebäck od. Brot
400 g	Birnen
Optional	
2 EL	Rosinen
Guss	
2	Eier
100 g	zuckerfreies Apfelmus
100 ml	Milch
100 g	Speisetopfen
Topping	
	Brösel vom Gebäck
1–2 EL	Nüsse, gehackt

✦ Den Backofen auf 200 °C Ober- und Unterhitze vorheizen.

✦ Das alte Gebäck in ca. 1 bis 2 cm dicke Scheiben schneiden. Die Birnen waschen und in feine Streifen schneiden.

✦ Gebäck und Birnen nacheinander in eine Auflaufform schichten und – wenn gewünscht – ein paar Rosinen darauf verteilen.

✦ Für den Guss Eier, Apfelmus, Milch und Topfen in einer Schüssel verquirlen und dann über die Brot-Obst-Schicht gießen.

✦ Garniere den zuckerfreien Scheiterhaufen mit den übriggebliebenen Bröseln vom Gebäck und ein paar gehackten Hasel- oder Walnüssen.

✦ Gib die Auflaufform nun in den Ofen und backe den Scheiterhaufen für 20 Minuten bei 200 °C Ober- und Unterhitze. Mit etwas Schlagsahne oder Apfelmus genießen.

✦ Damit der Scheiterhaufen komplett zuckerfrei ist, empfehle ich dir, auch zuckerfreies (demnach selbstgemachtes) Gebäck zu verwenden, zum Beispiel das Dinkel-Toastbrot von Seite 30.

Birnen haben in unseren Breiten im Herbst Saison. Auf Bauernmärkten kann man da wahre Schnäppchen ergattern.

Der Scheiterhaufen lässt sich sehr gut für mehrere Tage im Kühlschrank lagern.

Zuckerfreies **Vollkorn-Apfelbrot** mit Walnüssen

Dieses Apfelbrot eignet sich perfekt als gesunde Alternative zum Früchtebrot in der Weihnachtszeit.

450 g	Äpfel, gerieben
50 g	Rosinen, ungezuckert
2 EL	Honig
1 EL	Zimt
½	Zitrone, Saft
200 g	Vollkorn-Dinkelmehl
100 g	Walnüsse, gemahlen
100 g	Walnüsse, gehackt
20 ml	Öl
Optional	
2 EL	Rum

✈ Mindestens 5 Stunden vor dem Backen die Äpfel samt Schale fein reiben und gemeinsam mit Rosinen, optional Rum, Honig, Zimt und Zitronensaft in einen Aufbewahrungsbehälter geben.

✈ Gut umrühren, den Deckel schließen und für mindestens 5 Stunden, noch besser über Nacht, in den Kühlschrank stellen. Eine Stunde vor dem Backen den Behälter aus dem Kühlschrank nehmen.

✈ Heize das Backrohr auf 180 °C Ober- und Unterhitze vor und gib das Vollkornmehl, die gemahlenen sowie die grob gehackten Walnüsse in eine Schüssel.

✈ Die Apfel-Mischung dazugeben und in einer Rührmaschine oder mit einem Handmixer so lange mixen, bis sich alles gut verbunden hat.

✈ Lege nun etwas Backpapier in einer Kastenform aus und verteile den Teig darin. Mit ein paar gehackten Walnüssen garnieren und dann bei 180 °C Ober- und Unterhitze für 60 Minuten backen.

✈ Danach etwas auskühlen lassen, bevor du es anschneidest.

Lagere das Brot am besten in einer Glas- oder Edelstahldose im Kühlschrank. Dort bleibt es für gut eine Woche frisch. Auch Einfrieren ist problemlos möglich.

Gebratener **Pfirsich** mit Zitronenjoghurt

Obst einmal ganz anders, nämlich gebraten und verfeinert mit einem erfrischenden Zitronenjoghurt.

2	Pfirsiche
4 EL	Naturjoghurt griechischer Art, 10 % Fett
½	Bio-Zitrone, Abrieb
1 EL	Nüsse, gehackt
Optional	
1 EL	Honig
etwas	Minze

✝ Zuerst die Pfirsiche waschen und halbieren. Den Stein entfernen.

✝ Erhitze eine Pfanne auf mittlerer Stufe und lege die Pfirsichhälften nun mit der Schnittfläche nach unten hinein. Brate sie für 2 bis 3 Minuten und gib dann einen Schuss Wasser in die Pfanne.

✝ Wende nun die Pfirsiche und brate auch die zweite Seite bei mittlerer Hitze für 4 bis 5 Minuten. Lege sie anschließend auf einen Teller.

✝ Verrühre das griechische Joghurt mit dem Abrieb einer halben Bio-Zitrone, die du vorher heiß gewaschen hast.

✝ Verteile das Zitronen-Joghurt auf den Pfirsichhälften und beträufle sie mit etwas Honig. Mit gehackten Nüssen sowie etwas Minze garnieren. Am besten noch warm genießen.

Knusprige **Kale-Chips** aus Grünkohl

Was in Amerika längst jeder als gesunden Snack kennt, ist bei uns noch etwas unbekannter: knusprige Chips aus Grünkohl.

500 g	Grünkohlblätter
3 EL	Öl
2 TL	Salz

✦ Heize den Backofen auf 130 °C Heißluft vor.

✦ Zupfe die Grünkohlblätter vom harten Stiel ab und wasche sie unter fließendem Wasser. Danach mit einem Geschirrtuch oder einer Salatschleuder trocknen.

✦ Gib die Blätter in eine große Schüssel und mariniere sie mit Öl. Belege 2 Backbleche mit Backpapier, verteile die Grünkohlblätter gleichmäßig darauf und bestreue sie großzügig mit Salz.

✦ Backe die Grünkohlchips nun für ca. 20 bis 25 Minuten bei 130 °C Heißluft, bis sie knusprig, aber nicht verbrannt sind. Nach dem Abkühlen in eine Papiertüte geben.

Die Chips schmecken frisch am besten und lassen sich nicht sehr gut lagern.

Knusprige **Gewürz-Cracker**

Wer lieber salzig statt süß snackt, kommt bei diesen Crackern bestimmt auf seine Kosten.

3	Eiweiß
100 g	Hanfsamen
200 g	Sonnenblumen-kerne
1 TL	Rosmarin, gehackt
1 TL	Thymian, gehackt
1 TL	Kümmel, ganz
1 TL	Salz
1 EL	Leinsamen, geschrotet

✝ Den Backofen auf 140 °C Heißluft vorheizen.

✝ Das Eiweiß steif schlagen und die restlichen Zutaten unterheben. Die Masse wird dabei kein klassischer Teig, sondern bleibt locker, hält aber nach dem Backen gut zusammen.

✝ Nun je einen Esslöffel der Masse auf zwei mit Backpapier belegten Blechen verteilen und dann mit den Fingern zu flachen Kreisen plattdrücken.

✝ Backe die Cracker nun für ca. 20 Minuten, bis sie goldbraun und knusprig sind. Du kannst sie in einer Dose im Kühlschrank bis zu einer Woche lang lagern.

Lagere die Cracker am besten im Kühlschrank. Dort bleiben sie für bis zu zwei Wochen frisch.

Schoko-Nuss-Pralinen

Diese gesunden Pralinen sind ein tolles Geschenk, egal ob für dich selbst oder deine Liebsten.

200 g	Haselnüsse
300 g	Zartbitter-schokolade, zuckerfrei

Optional

1–2 TL	Honig

✈ Die ganzen Haselnüsse ohne Fett in einer Pfanne rösten (oder geröstet kaufen). Mit einem Messer die Nüsse zerkleinern.

✈ Zuckerfreie Zartbitterschokolade (z. B. Schokolade mit 99 % Kakaoanteil) im Wasserbad schmelzen und anschließend die gehackten Haselnüsse in die flüssige Schokolade mischen. Optional noch etwas Süße (wie z. B. Honig) hinzufügen.

✈ Verteile nun mit einem Löffel kleine Portionen der Nuss-Schokolade-Mischung auf einem Backpapier. Lass die Pralinen darauf auskühlen, bis sie komplett hart sind.

Die Pralinen eignen sich sehr gut, um Schokoladereste zu verwerten.

Lagere die Pralinen trocken und dunkel, am besten im Kühlschrank, damit die Schokolade nicht weich wird.

Selbst gemacht

Gemüsebrühe-Paste

Variante 1:

Herbst & Winter

200 g	Karotten
100 g	Ronen
100 g	Lauch
1 EL	Ingwer, gehackt
4	Knoblauchzehen
½	Chili, gehackt
½	Kurkumaknolle (od. 1 TL Kurkuma, gemahlen)
1 EL	Meersalz
4 EL	Petersilie
1 EL	Rosmarin, gehackt
1 TL	Kümmel, ganz
1 TL	Pfeffer, gemahlen

Variante 2:

Frühling & Sommer

200 g	Karotten
100 g	Sellerie
1	Zwiebel
2	Knoblauchzehen
1 EL	Honig
1 EL	Meersalz
2 EL	Schnittlauch, gehackt
1 EL	Oregano, gehackt
1 TL	Pfeffer, gemahlen

✛ Das rohe Gemüse gründlich waschen, wenn nötig schälen und grob hacken. Gemeinsam mit den Gewürzen in einen Mixer geben und so lange zerkleinern, bis eine krümelige Paste entstanden ist.

✛ Übergieße Einmachgläser und ihre Deckel mit kochendem Wasser. Fülle die Gemüsebrühe-Paste dann in die sterilisierten Gläser und lasse oben noch etwas Platz.

✛ Gieße etwas Öl darauf und schließe den Deckel.

Im Kühlschrank kannst du die Gemüsebrühe-Paste mehrere Monate lagern.

Kräuterbutter

200 g	Butter, zimmerwarm
100 g	gemischte Kräuter (z. B. Schnittlauch, Thymian, Petersilie, Bärlauch etc.)
1 TL	Salz

✛ Die Butter in Stücke schneiden und in eine Schüssel geben. Die Kräuter waschen, trocken tupfen, fein hacken und dann mit dem Salz zur Butter geben. Mit einer Gabel so lange verrühren, bis sich die Kräuter und das Salz gleichmäßig verteilt haben.

✛ Die Butter-Kräuter-Masse anschließend auf einem großen Stück Frischhaltefolie verteilen, damit verpacken und zu einer Rolle formen. Die Enden verdrehen und die Kräuterbutter dann für mindestens eine Stunde im Kühlschrank hart werden lassen. Vor dem Servieren aus der Folie nehmen und in Scheiben schneiden.

Kräuter lassen sich sehr leicht im eigenen Garten, aber auch am Balkon oder sogar auf der Fensterbank anbauen. Das spart Geld, sieht hübsch aus und erfreut durch den wunderbaren Duft.

Die Kräuterbutter kannst du für mehrere Wochen im Kühlschrank lagern oder auch einfrieren.

Sauerkraut

1 kg	Weißkohl
20 g	Salz
1 EL	Kümmel

✦ Entferne die äußeren Blätter und den Stil des Weißkohls. Schneide den Rest in dünne Streifen.

✦ Gib die Streifen in eine große Schüssel und bestreue sie mit Salz sowie etwas Kümmel. Knete die Masse mit den Händen so lange durch, bis Flüssigkeit austritt.

✦ Fülle das Kraut nun in sterile Gläser und drücke es mit deiner Faust nach unten, sodass sich Flüssigkeit auf der Oberfläche sammelt. Der Kohl sollte auf jeden Fall mit Flüssigkeit bedeckt sein.

✦ Verschließe die Gläser und lasse sie für 3 Tage bei Zimmertemperatur in deiner Küche stehen. Anschließend die Gläser an einen kühlen, dunklen Ort (z. B. Keller) stellen und das Kraut für 3 bis 4 Wochen gären lassen.

✦ Danach kannst du das Sauerkraut genießen.

AUFBEWAHRUNGS TIPP

Sobald das Sauerkraut einmal geöffnet wurde, solltest du es im Kühlschrank lagern, darin bleibt es für mehrere Wochen frisch. Verlasse dich hier auf deinen Geruchs- und Geschmackssinn.

Pesto

1 Bund	Kräuter deiner Wahl (z. B. Basilikum)
2–3	Knoblauchzehen, gepresst
120 ml	Olivenöl
50 g	Parmesan

➕ Die Kräuter waschen, etwas trocken tupfen und gemeinsam mit dem gepressten Knoblauch und dem Öl pürieren. Den geriebenen Parmesan unterrühren.

➕ Das Pesto in ein Glas füllen, mit etwas Olivenöl bedecken und gut verschließen.

Im Supermarkt ist hochwertiges Pesto oft sehr teuer. Diese selbstgemachte Variante überzeugt durch den Geschmack, aber auch durch den Preis.

Das Pesto hält im Kühlschrank für etwa 4 bis 6 Wochen und sollte nach dem Anbrechen innerhalb einer Woche aufgebraucht werden.

Joghurt-Wildkräuter-Dressing

200 ml	Naturjoghurt
100 g	Speisetopfen
1 EL	Wildkräuter, gehackt
1 EL	Schnittlauch, gehackt
1 TL	Senf
1	Zitrone, Saft
etwas	Salz & Pfeffer

✦ Die Wildkräuter und den Schnittlauch sehr fein hacken.

✦ Alle genannten Zutaten in ein Einmachglas füllen, gut umrühren und verschließen. Lasse das Dressing für mindestens 2 Stunden im Kühlschrank durchziehen, bevor du es verwendest.

Bereite am besten gleich mehrere Portionen vor. Du kannst das Dressing dann eine Woche im Kühlschrank lagern.

Balsamico-Dressing

100 ml	Balsamicoessig
150 ml	Olivenöl
1 TL	Honig
1 TL	Dijon-Senf
etwas	Salz & Pfeffer

✈ Alle Zutaten in einen Messbecher geben und mit einem Pürierstab so lange mixen, bis sich alles gut verbunden hat.

In eine Glasflasche füllen und darin bei Zimmertemperatur oder im Kühlschrank für mehrere Wochen lagern.

Schnelle **Marmelade**

500 g	Beeren, Obst oder Früchte, frisch
2–3 EL	Wasser
2–3 EL	Chia-Samen
nach Bedarf	Süße (z. B. 1 EL Honig)

✚ Beeren, Obst oder Früchte waschen, würfeln und mit etwas Wasser in einem Topf zum Kochen bringen. Süße wie zum Beispiel Honig nach Bedarf hinzufügen (Beeren brauchen etwas Süße, Obst und Früchte eigentlich nicht).

✚ Pürieren und dann die Chia-Samen hinzufügen. Bei mittlerer Hitze für 10 Minuten köcheln lassen, anschließend in Gläser füllen.

Kühl gelagert, hält diese Marmelade vier bis fünf Wochen.

Vorratsliste & Speisepläne

Vorratsliste

Hier findest du eine Liste mit Lebensmitteln, die in keinem Haushalt fehlen dürfen
(und bei mir Fixbestandteil des Vorratsschranks bzw. Kühlschranks sind).

Gemüse und Obst (Lager)
+ Zwiebeln
+ Knoblauch
+ Kürbis
+ Kartoffeln
+ Ingwer
+ Zitronen
+ Süßkartoffeln
+ Rote Bete, gekocht & geschält
+ Sauerkraut
+ Obst der Saison & Region
  (z. B. Äpfel, Birnen etc.)

Kräuter & Gewürze für den Vorratsschrank
+ Salz und Pfeffer
+ Paprikapulver
+ Muskatnuss
+ Nelken, gemahlen
+ Kurkuma, gemahlen
+ Brotgewürz
+ Kümmel, ganz und gemahlen
+ Kreuzkümmel, ganz und gemahlen
+ Currypulver
+ Zimt, gemahlen
+ Thymian, getrocknet
+ Rosmarin, getrocknet
+ Oregano, getrocknet
+ Chili, getrocknet
+ frische Kräuter nach Bedarf
  und Verfügbarkeit

Gesunde Fette für den Vorratsschrank
+ heimische Nüsse (Walnüsse und Haselnüsse)
+ heimische Saaten (Kürbiskerne und
  Sonnenblumenkerne)
+ Nussmuse (Erdnuss, Mandel, Tahin etc.)
+ Pflanzenöle (Olivenöl, Sonnenblumenöl,
  Kürbiskernöl etc.)
+ Leinsamen und/oder Chia-Samen

Gesunde Kohlenhydrate für den Vorratsschrank
+ Vollkorn-Haferflocken
+ getrocknete Hülsenfrüchte (Linsen, Bohnen,
  Kichererbsen etc.)
+ gekochte Kichererbsen und Bohnen im Glas/
  in der Dose
+ Bio-Mais im Glas/in der Dose
+ Quinoa
+ Hirse
+ Vollkorn-Reis
+ Vollkorn-Getreidemehle (Dinkel und Roggen)
+ Nudeln (Dinkel, Vollkorn, Linsen etc.)

Sonstige Lebensmittel
für den Vorratsschrank
+ Essig (Balsamico & Apfel)
+ selbstgemachtes Pesto
+ selbstgemachte Gemüsebrühe
+ selbstgemachte Currypaste
+ Essiggurken
+ Antipasti
+ Tomatenmark
+ Senf
+ pflanzliche Milch (meist ungekühlt lange
   haltbar)
+ Backpulver
+ Hefe, getrocknet
+ rohes, zuckerfreies Kakaopulver
+ Weiß- und Rotwein
+ gewürfelte Tomaten in der Dose

Milchprodukte im Kühlschrank
+ Butter
+ Butterschmalz
+ Eier
+ Joghurt
+ Milch
+ Sahne
+ Sauerrahm
+ Käse aller Art
+ Topfen

Tiefkühler
+ Beeren
+ Spinat
+ Erbsen
+ gehackte Kräuter
+ Fleisch
+ Fisch und Meeresfrüchte

Mit Fleisch & Fisch | Frühling & Sommer

	Montag	Dienstag	Mittwoch	Donnerstag	Freitag	Samstag	Sonntag
Frühstück	Süßer Zucchini-Porridge	Süßer Zucchini-Porridge	Süßer Zucchini-Porridge	Dinkel-Toastbrot mit zuckerfreier Marmelade	Dinkel-Toastbrot mit zuckerfreier Marmelade	Dinkel-Toastbrot mit zuckerfreier Marmelade	Gröstl-Omelett
Mittagessen	Enchilada mit Hackfleisch-Karotten-Füllung	Spargel-Gröstel mit Schinken und Spiegelei	Hirsebällchen mit Joghurt-Sauerrahm-Dip	restliche Pfannen-Lasagne	Gebackenes Ratatouille aus dem Ofen mit Joghurt-Sauerrahm-Dip	Rinder-Geschnetzeltes mit Kartoffelnockerln	Karpfenfilet mit Kräuterhaube auf Rote-Bete-Kartoffelpüree
Anmerkung	doppelte Menge Hackfleisch-Füllung zubereiten		doppelte Menge Joghurt-Sauerrahm-Dip zubereiten für Ratatouille		doppelte Menge Ratatouille zubereiten	dreifache Menge Kartoffeln kochen für Omelett und Püree am nächsten Tag	
Abendessen	Falscher Kartoffelsalat mit Dinkel-Vollkorn-Brötchen	restliche Enchilada mit Hackfleisch-Karotten-Füllung	Schnelle Pfannen-Lasagne mit grünem Salat & Balsamico-Dressing	Hühnchen-Burrito-Bowl	Dinkel-Vollkorn-Brötchen mit Schinken und hartgekochtem Ei	restliches Ratatouille	Blattsalat & Balsamico-Dressing mit Mini-Cordon-bleu
Anmerkung	restliche Brötchen einfrieren		doppelte Menge Pfannen-Lasagne zubereiten; restliches Balsamico-Dressing ist wochenlang haltbar		Brötchen am Vortag aus dem TK nehmen oder kurz im Backrohr aufbacken		

Mit Fleisch & Fisch | Herbst & Winter

	Montag	Dienstag	Mittwoch	Donnerstag	Freitag	Samstag	Sonntag
Frühstück	Bratapfel-Porridge	Bratapfel-Porridge	Bratapfel-Porridge	Dinkel-Vollkorn-Brötchen	Dinkel-Vollkorn-Brötchen	Dinkel-Vollkorn-Brötchen	Gefüllter Frühstücks-Pilz
Mittagessen	Gesunde Mac & Cheese & Blattsalat mit Balsamico-Dressing	Gesunder Schinken-Käse-Toast	Maroni-Birnen-Suppe mit Gewürz-Crackern	schnelle Zucchini-Pancakes	Gebackener Saibling-Brokkoli-Auflauf	restliche Moussaka	Puten-Saltimbocca auf Rote-Bete-Hummus mit Kohlsprossen
Anmerkung	doppelte Menge Mac & Cheese zubereiten; Balsamico-Dressing ist wochenlang haltbar	restliches Toastbrot für Sonntag einfrieren	doppelte Menge Suppe & Cracker für Freitag zubereiten				
Abendessen	Erbsen-Brokkoli-Suppe mit Pfefferminze	Hüftsteak mit Blitz-Letscho	restliche Mac & Cheese	Moussaka griechischer Art mit grünem Salat & Balsamico-Dressing	restliche Maroni-Birnen-Suppe mit Gewürz-Crackern	Wintersalat-Bowl mit Süßkartoffeln und Äpfeln	Toastbrot mit restlichem Hummus von Mittag
Anmerkung				doppelte Menge Moussaka kochen			Toastbrot am Vortag aus dem TK nehmen oder kurz im Backrohr aufbacken

Vegetarisch & vegan | Frühling & Sommer

	Montag	Dienstag	Mittwoch	Donnerstag	Freitag	Samstag	Sonntag
Frühstück	Herzhafter Gemüse-Porridge	Herzhafter Gemüse-Porridge	Herzhafter Gemüse-Porridge	Dinkel-Toastbrot mit zuckerfreier Marmelade	Dinkel-Toastbrot mit zuckerfreier Marmelade	Dinkel-Toastbrot mit zuckerfreier Marmelade	Süßer Zucchini-Porridge
Mittagessen	Nudelsalat im Glas mit Paprika-Marillen-Pesto	Hirsebällchen auf Joghurt-Sauer-rahm-Dip	Dinkel-Erbsen-Quiche mit Camembert	Linsen-Paprika-Ragout mit Blattsalat & Joghurt-Wild-kräuter- Dressing	Ofengemüse-Hülsenfrüchte-Salat	Schnelle Zucchini-Pancakes	Schnelle Karotten-Gnocchi mit Salbei-Nussbutter
Anmerkung	mehr Nudeln kochen für Spargelpfanne am nächsten Tag	jeweils doppelte Menge zubereiten	doppelte Menge Quiche zubereiten und Rest einfrieren	doppelte Menge Ragout kochen und Rest einfrieren	mehr Gemüse backen als Beilage zu Polenta am nächsten Tag		
Abendessen	Schnelle Dinkel-Vollkorn-Brötchen mit Butter, Käse & Radieschen	Spargel-Nudel-Pfanne mit Sauce Hollandaise & Erdbeeren	Bunter Salatteller mit Balsamico-Dressing & restlichen Hirsebällchen	Dinkel-Vollkorn-Brötchen mit Tomatenscheiben und restlichem Joghurt-Sauer-rahm-Dip	restliches Linsen-Paprika-Ragout	Cremige Polenta mit Ofengemüse	Gesunder Käse-Toast
Anmerkung	restliche Brötchen einfrieren		Balsamico-Dressing ist wochenlang haltbar	Brötchen am Vortag aus dem TK nehmen oder kurz im Backrohr aufbacken			

Vegetarisch & vegan | Herbst & Winter

	Montag	Dienstag	Mittwoch	Donnerstag	Freitag	Samstag	Sonntag
Frühstück	Süßer Zucchini-Porridge	Süßer Zucchini-Porridge	Süßer Zucchini-Porridge	Dinkel-Vollkorn-Brötchen	Dinkel-Vollkorn-Brötchen	Dinkel-Vollkorn-Brötchen	Süße Kürbis-Waffeln
Anmerkung							gesamten übrigen Kürbis garen und pürieren & Rest von Kürbispüree einfrieren
Mittagessen	Blitz-Vollkorn-risotto mit Maroni	Bunte Fajitas mit Käsesauce	Gebackener Karfiol mit Kräuterdip	Dinkel-Vollkorn-Spaghetti mit gerösteter Tomaten-Frischkäse-Sauce	restliche Kürbis-Käsespätzle	Schnelle Mais-Dinkel-Puffer & Blattsalat	Fleischloser Braten mit Fisolen & Kaffee-Bratensauce
Anmerkung			jeweils doppelte Menge zubereiten für Püree am nächsten Tag bzw. zum Toastbrot am Freitag			doppelte Menge Puffer zubereiten	Reste von Braten einfrieren
Abendessen	Shakshuka & Blattsalat mit Balsamico-Dressing	Spiegelei auf selbstgemachtem Dinkel-Toastbrot mit Gurken	Kürbis-Käsespätzle mit Röstzwiebeln & Blattsalat mit Balsamico-Dressing	Karfiolpüree mit Fisolen (ohne Speck)	Dinkel-Toastbrot mit restlichem Kräuterdip	Winterliche Minestrone	restliche Mais-Dinkel-Puffer

Register

IMPRESSUM

Nachhaltige Produktion ist uns ein Anliegen; wir möchten die Belastung unserer Mitwelt so gering wie möglich halten. Über unsere Druckereien garantieren wir ein hohes Maß an Umweltverträglichkeit: Wir lassen ausschließlich auf FSC®-Papieren aus verantwortungsvollen Quellen drucken, verwenden Farben auf Pflanzenölbasis und Klebestoffe ohne Lösungsmittel. Wir produzieren in Österreich und im nahen europäischen Ausland, auf Produktionen in Fernost verzichten wir ganz.

2023
© Verlagsanstalt Tyrolia, Innsbruck
Druck und Bindung: Florjančič, Maribor
Alle Bilder stammen von Lisa Hauser mit Ausnahme der Seiten 2, 4/5, 8/9, 13, 18, 22/23, 26/27, 180/181 (Adobe Stock) und S. 6 (Freigeistin Fotografie)
ISBN: 978-3-7022-4109-4
E-Mail: buchverlag@tyrolia.at
Internet: www.tyrolia-verlag.at